A VERDADE SOBRE **OS BOATOS**

Cass R. Sunstein

Coautor de *Nudge: O Empurrão para a Escolha Certa*

A VERDADE SOBRE **OS BOATOS**

Tradução
Marcio Hack

ELSEVIER

CAMPUS

Do original: *On Rumors*
Tradução autorizada do idioma inglês da edição publicada por Cass R. Sunstein

Copidesque: Shirley Lima da Silva Braz
Revisão: Andréa Campos Bivar e Jussara Bivar
Editoração Eletrônica: Estúdio Castellani

Elsevier Editora Ltda.
Conhecimento sem Fronteiras
Rua Sete de Setembro, 111 – 16º andar
20050-006 – Centro – Rio de Janeiro – RJ – Brasil

Rua Quintana, 753 – 8º andar
04569-011 – Brooklin – São Paulo – SP – Brasil

Serviço de Atendimento ao Cliente
0800-0265340
sac@elsevier.com.br

ISBN 978-85-352-3665-1
Edição original: ISBN 978-0-8090-9473-8

Nota: Muito zelo e técnica foram empregados na edição desta obra. No entanto, podem ocorrer erros de digitação, impressão ou dúvida conceitual. Em qualquer das hipóteses, solicitamos a comunicação ao nosso Serviço de Atendimento ao Cliente, para que possamos esclarecer ou encaminhar a questão.
Nem a editora nem o autor assumem qualquer responsabilidade por eventuais danos ou perdas a pessoas ou bens, originados do uso desta publicação.

CIP-Brasil. Catalogação-na-fonte
Sindicato Nacional dos Editores de Livros, RJ

S955v Sunstein, Cass R.
A verdade sobre os boatos : como se espalham e por que acreditamos neles / Cass Sunstein ; tradução Marcio Hack. – Rio de Janeiro : Elsevier, 2010.

Tradução de: On rumors
Inclui bibliografia
ISBN 978-85-352-3665-1

1. Boatos (Opinião pública). 2. Psicologia social. I. Título.

09-5904. CDD: 302.24
CDU: 316.6

Para Declan

Cada boato tem seu próprio público.

GORDON ALLPORT E LEO POSTMAN
The Psychology of Rumor

• • • •

Agradecimentos

Sou grato a muitas pessoas que me ajudaram com este livro. Muitas das ideias centrais se desenvolveram a partir de um trabalho para uma conferência na University of Chicago Law School, em novembro de 2008; meus agradecimentos a Saul Levmore, meu coparticipante, e a Martha Nussbaum, a co-organizadora da conferência, por suas sugestões e seus comentários valiosos. Nussbaum merece agradecimento especial por nossas numerosas e contínuas discussões sobre esse tópico. Obrigado também a Edward Glaeser, por ajudar a desenvolver algumas das ideias e por um trabalho (ainda não publicado) comigo sobre esse tópico; a Elizabeth Emens, pelos comentários de grande auxílio sobre o primeiro rascunho; e a Adrian Vermeule, pela pertinente colaboração no tópico das teorias da conspiração e por muitas e valiosas discussões. Minha agente,

Sarah Chalfant, iniciou o processo que transformou o trabalho em um livro. Meu incrível editor, Thomas LeBien, revelou-se um verdadeiro colaborador do projeto. O livro foi melhorado por suas ideias e sugestões minuciosas. Minha esposa, Samantha Power, foi de grande ajuda em todo o processo; ela faz de cada dia uma alegria.

O manuscrito deste livro foi concluído em meado de janeiro de 2009, antes que eu começasse a trabalhar como conselheiro sênior do diretor do Office of Management and Budget, e de ser nomeado administrador do Office of Information and Regulatory Affairs. Não é necessário dizer que nenhum dos argumentos ou afirmações deste livro representa qualquer posição oficial, em nenhum sentido. Mas depois que comecei a trabalhar para o governo, fiz um acréscimo importante: a página da dedicatória, refletindo o nascimento de meu filho, Declan, em 24 de abril de 2009.

• • • •

Sumário

A verdade sobre os boatos

• • • •

O *Problema*

Os boatos são quase tão antigos quanto a história humana, mas com o surgimento da internet hoje se tornaram onipresentes. A bem da verdade, agora estamos nadando no meio deles. Os boatos falsos são especialmente preocupantes; causam danos reais a indivíduos e instituições, e em geral são resistentes a correções. Podem ameaçar carreiras, políticas, autoridades públicas e, às vezes, até mesmo a própria democracia.

Muitos dos boatos mais difundidos atingem pessoas famosas, da política e do entretenimento. Outros atingem empresas, grandes ou pequenas. Outros ainda atingem pessoas inteiramente desconhecidas do público. Todos nós somos vítimas em potencial dos boatos, incluindo os falsos e os maldosos.

Nas eleições de 2008, muitos americanos acreditaram que Barack Obama era muçulmano, que não havia nascido nos Estados Unidos, e que era "mancomunado com terroristas". Há uma abundância de boatos sobre atos, opiniões e motivações supostamente terríveis de autoridades públicas, e sobre a vida privada, supostamente escandalosa, não só dessas autoridades, mas também de muitas outras pessoas de grande visibilidade. Os boatos também podem prejudicar a economia. Se correr o boato de que uma empresa está prestes a falir, os acionistas podem muito bem ficar assustados, e é possível que vendam suas ações. Por causa do boato, a empresa pode ser gravemente prejudicada. Os boatos podem afetar o próprio mercado de ações – e afetam, mesmo que sejam infundados. Não deve surpreender que a Securities and Exchange Comission* tenha se interessado vivamente pelos efeitos perniciosos dos boatos falsos, e que Nova York tenha transformado em crime a disseminação de boatos falsos sobre a situação financeira dos bancos.

Na era da internet, tornou-se fácil espalhar boatos falsos ou enganosos praticamente sobre qualquer pessoa. Um estu-

---

**Nota da Editora*: A correlata à Comissão de Valores Mobiliários no Brasil.

dante do ensino médio, um vendedor, um professor universitário, um banqueiro, um empregador, um corretor de seguros, um corretor de imóveis – cada um desses está vulnerável a uma acusação não comprovada que poderá gerar um efeito doloroso, prejudicial ou até mesmo devastador. Se uma alegação de má conduta aparecer na internet, aqueles que pesquisarem no Google o nome em questão ficarão sabendo dela imediatamente. A alegação servirá para definir a pessoa. (Pode até acabar constando da Wikipedia, ao menos por algum tempo.) O boato pode implicar organizações assim como indivíduos – a Central Intelligence Agency, a General Motors, o Bank of America, os Boy Scouts (Escoteiros), a Igreja Católica. Os conteúdos da internet têm grande longevidade. Na prática, podem até continuar lá para sempre. Por esse motivo, um boato falso pode ter um efeito prolongado.

Este pequeno livro tem dois objetivos. O primeiro é responder às seguintes perguntas: Por que seres humanos normais acreditam em boatos – mesmo que sejam falsos, destrutivos e bizarros? Por que alguns grupos, e até mesmo países, acreditam em boatos que em outros grupos e países são considerados absurdos? O segundo é responder a esta pergunta: O que podemos fazer para nos proteger dos efeitos prejudiciais dos boatos falsos? Como veremos, parte da resposta está em reconhecer que impor um "efeito inibitório"* sobre aqueles dispostos a difundir falsidades destrutivas pode ser uma excelente ideia.

Veremos também que, quando as pessoas acreditam em boatos, muitas vezes são inteiramente racionais, no sentido de que sua crença é bastante sensata, dados os conhecimentos que possuem. Não temos um conhecimento direto ou pessoal sobre os fatos que são a base da maior parte de nossas opiniões. Como você sabe que a Terra não é plana? Que Shakespeare realmente existiu? Que a matéria é feita de átomos? Que o Holocausto de fato ocorreu? Que Lee Harvey Oswald assassinou o presidente John Kennedy? A maior parte do nosso conhecimento sobre outras pessoas, outros países, culturas e religiões é, na melhor das hipóteses, indireta. É raro sabermos com certeza se determinada empresa está enfrentando dificuldades terríveis, se uma autoridade pública aceitou suborno ou se uma pessoa influente tem segundas intenções ou ocorreu algo vergonhoso em seu passado. Na ausência de um conhecimento pessoal, tendemos a pensar que onde há fumaça há fogo – ou que um boato não teria se espalhado se não fosse ao menos parcialmente verdadei-

---

**Nota do Tradutor*: No original, "efeito inibitório", termo de uso comum no Direito americano, sem tradução consagrada para o português. No Brasil, uma figura que se aproxima é a da "tutela inibitória".

ro. Talvez a verdade seja ainda pior do que diz o boato. Certamente, devemos ser cautelosos antes de entregar nosso país ou empresa aos cuidados de alguém que, corre o boato, disse ou fez coisas ruins. Nossa tendência a pensar dessa maneira causa problemas específicos quando confiamos na internet como fonte de informações, simplesmente porque lá os boatos falsos são muito disseminados.

Não existe uma definição clássica para boato, e não tentarei oferecer uma aqui. Para dar início à discussão, devemos reconhecer a imperfeição de qualquer definição, abandonar as discussões semânticas e usar o termo para fazer referência, *grosso modo*, a alegações de fatos – sobre pessoas, grupos, acontecimentos e instituições – que ainda não foram comprovados, embora passem de uma pessoa para outra e, portanto, tenham credibilidade não porque se conheçam evidências diretas para corroborá-los, mas porque parece que outras pessoas acreditam neles. Compreendidos assim, os boatos geralmente têm origem e conseguem adesão porque reforçam e se encaixam nas convicções prévias dos que acreditam neles. Algumas pessoas e alguns grupos estão predispostos a acreditar em certos boatos porque são compatíveis com seus interesses próprios, ou com o que acreditam ser verdade. Em 2008, muitos americanos estavam prontos a acreditar que a governadora Sarah Palin imaginava a

África como um país, e não como um continente, porque esse erro ridículo se encaixava naquilo que já pensavam a respeito dela. Outras pessoas estavam predispostas a rejeitar o mesmo boato, como provavelmente infundado. O contato com a mesma informação inspirou crenças radicalmente diferentes.

Muitos de nós acreditamos em boatos falsos em virtude de nossos medos ou de nossas esperanças. Como tememos a Al-Qaeda, estamos inclinados a acreditar que seus membros estejam planejando um ataque terrorista próximo de onde moramos. Como esperamos que nossa empresa predileta prospere, é possível acreditar num boato de que seu novo produto não será malsucedido e de que suas chances de sucesso estão prestes a subir vertiginosamente. No contexto da guerra, os temores de um grupo são evidentemente as esperanças de outro – e, sempre que grupos rivalizam, os medos de uns serão as esperanças de outros. Como os boatos incitam certos medos e aliviam outros, reações radicalmente diferentes ao mesmo boato são inevitáveis. Os cidadãos do Iraque podem acreditar em um boato que não tem força no Canadá ou na França. Os habitantes de Utah podem acreditar em um boato considerado absurdo em Massachusetts. Republicanos acreditam em boatos que democratas ridicularizam. E, na medida em que a internet permite que as pessoas vivam em casulos de informação ou câmaras de ressonância feitas por elas mesmas, diferentes boatos criarão raízes em diferentes comunidades.

Muitos boatos espalham teorias da conspiração.[1] Tome por exemplo o boato de que a Central Intelligence Agency (CIA) foi responsável pelo assassinato do presidente John F. Kennedy; de que médicos fabricaram o vírus da Aids deliberadamente; de que a queda, em 1996, do voo TWA 800 foi causada por um míssil militar americano; de que a teoria do aquecimento global é uma fraude premeditada; de que a Comissão Trilateral é responsável por desenvolvimentos importantes da economia mundial; de que Martin Luther King, Jr. foi assassinado por agentes do governo federal; de que a queda de avião que matou o senador democrata Paul Wellstone foi arquitetada por políticos republicanos; de que o pouso na lua foi uma encenação; de que os Rothchild e outros banqueiros judeus são responsáveis por mortes de presidentes e dificuldades econômicas em países asiáticos; e de que a Grande Depressão foi resultado de um complô dos ricos para reduzir o salário dos trabalhadores.[2] Ou veja a obra do autor francês Thierry Meyssan, cujo livro *11 de setembro de 2001: uma terrível farsa* (São Paulo: Usina do Livro, 2003) tornou-se best-seller, verdadeira sensação, por suas alegações de que a explosão no Pentágono em 11 de setembro foi causada por um míssil, que seria o primeiro ataque de um golpe de Estado promovido pelo complexo militar-industrial, e não pelo voo American Airlines 77.[3]

Os boatos se espalham por dois processos diferentes, mas que se entrecruzam: *cascatas sociais* e *polarização de grupo*. As cascatas ocorrem porque cada um de nós tende a confiar no que as outras pessoas pensam e fazem. Se a maioria das pessoas que conhecemos acredita em um boato, tendemos a acreditar nele também. Não dispomos de informações próprias; aceitamos as opiniões dos outros. Quando o boato envolve um assunto sobre o qual nada sabemos, somos especialmente propensos a acreditar nele. Se a National Rifle Association espalha um boato de que um candidato político tem o plano de "confiscar as armas", ou se uma organização ambientalista espalha um boato de que alguém acredita que a mudança do clima é "uma farsa", muitas pessoas serão afetadas, porque tendem a acreditar na National Rifle Association ou na organização ambientalista.

Uma cascata ocorre quando um grupo de instigadores primeiros, às vezes chamados líderes, diz ou faz algo e outras pessoas seguem seu sinal. Na economia, os boatos podem gerar bolhas especulativas, causando grande inflação dos preços – e certamente as bolhas especulativas são parte da explicação da crise financeira de 2008. Os boatos também são responsáveis por muitos pânicos, quando o medo se alastra rapidamente de uma pessoa para outra, criando profecias autorrealizáveis. E, se os boatos em questão desencadearem emoções fortes, tais como medo e repugnância, a probabilidade de se espalharem é muito maior.

Polarização de grupo se refere ao fato de que, quando pessoas de ideias afins se juntam, muitas vezes acabam pensando em uma versão mais radical do que pensavam antes de conversar umas com as outras.[4] Suponhamos que membros de certo grupo tendam a acreditar em um boato sobre, digamos, as intenções malignas de determinado país. Com certeza, terão mais certeza daquele boato depois de haver conversado uns com os outros. De fato, eles podem ter passado da crença hesitante à certeza absoluta de que o boato é verdadeiro se as informações de que dispõem forem as mesmas dos outros membros do grupo. Observe o papel da internet aqui: qualquer pessoa pode receber inúmeras comunicações de muitas pessoas – e, quando recebemos essas comunicações, podemos pensar que, não importa o que esteja sendo dito, deve ser verdadeiro.

O que pode ser feito para reduzir o risco de que cascatas e polarizações levem as pessoas a acreditar em boatos falsos? A resposta padrão – e a mais óbvia – inclui o sistema de liberdade de expressão: as pessoas devem ter acesso a informações balanceadas e a correções feitas por aqueles que sabem a verdade. A liberdade normalmente funciona, mas em alguns contextos é um corretivo imperfeito. As emoções podem obstruir o caminho da busca pela verdade. As pessoas não processam as informações com neutralidade. Suas pressuposições afetam suas reações. *Assimilação tendenciosa* se refere ao fato de que as pessoas assimilam novas informações de maneira tendenciosa; aqueles que acreditam em boatos falsos não abrem mão de suas crenças com facilidade, especialmente quando têm forte envolvimento emocional com elas. Pode ser muito difícil mudar o que as pessoas pensam, mesmo que se lhe apresentem os fatos.

Muitas pessoas acreditam firmemente no "mercado de ideias". Elas pensam que o mercado é a melhor maneira de assegurar que as pessoas cheguem à verdade. Num dos maiores pareceres do Direito americano, o juiz Oliver Wendell Holmes afirmou que "o bem supremo desejado é alcançado com mais êxito pelo livre comércio de ideias – e que o melhor teste da verdade é o poder de a ideia ser aceita em meio à competição do mercado".[5] Essa poderosa afirmação exerceu prolongada e salutar influência sobre a lei da liberdade de expressão, não somente nos Estados Unidos, mas em todo o mundo.

Para alguns boatos, no entanto, o mercado não funciona tão bem. Tome, por exemplo, as possíveis consequências de um boato sobre o comportamento criminoso de um vizinho seu, alguém sem acesso à mídia e sem credibilidade na internet. Ou suponha que um boato emocionalmente poderoso esteja começando a se espalhar sobre o diretor de uma empresa local. Longe de ser o melhor teste da verdade, o mercado pode assegurar que muitas pessoas acreditem em falsidades, ou que tomem meros fragmentos de vida, ou acontecimentos insignificantes, como característicos de um todo assustador. O problema é grave e generalizado, e – com a influência crescente da internet e dos novos tipos de vigilância – parece estar aumentando. Às vezes, resulta em sérios danos à vida das pessoas, prejudica as chances de negócios, causa prejuízo a investidores e debilita a democracia.

Devemos salientar especialmente esse último ponto. O objetivo da liberdade de expressão é, em parte, fomentar a autonomia política; uma democracia em bom funcionamento não é possível a menos que as pessoas possam dizer o que pensam, mesmo que seus pensamentos sejam falsos. Mas se as pessoas espalharem boatos falsos – mais obviamente sobre autoridades e instituições públicas – a própria democracia sofrerá. Sem motivo algum, as pessoas podem perder a confiança em certos líderes e em certas políticas, e até mesmo no próprio governo. Ao mesmo tempo, os boatos falsos atravancam nossa capacidade de refletir bem, como cidadãos, sobre o que fazer quanto a uma crise, seja ela grande ou pequena.

Esses argumentos não devem ser vistos como uma defesa de qualquer tipo de censura. É verdade – e isso não deve ser ignorado – que qualquer esforço para regular a liberdade de expressão vai criar um efeito inibitório. Puna as pessoas por espalharem falsidades, e você se verá "inibindo" a verdade. Suponha que a lei responsabilize as pessoas que espalhem um boato falso sobre um banco. Sem sombra de dúvida, é bom que as pessoas não sejam prejudicadas em consequência daquele boato falso. Mas aquela mesma lei pode desencorajar alguma outra pessoa de revelar, com base em evidências verossímeis, o fato de que um banco realmente está enfrentando dificuldades. Apontando para o risco de um efeito inibitório sobre a liberdade de expressão e, portanto, sobre a comunicação da verdade, pessoas sensatas muitas vezes sugerem que o governo deveria conceder bastante espaço para as falsidades, incluindo as prejudiciais. Elas sugerem que, quanto menos o mercado for regulado, melhor.

Sob certas premissas, essas pessoas provavelmente estão certas. Mas há uma consideração oposta a se fazer. Às vezes um efeito inibitório pode ser uma excelente salvaguarda. Sem um efeito desse tipo, o mercado de ideias levará muitas pessoas a acreditar em falsidades nocivas, tanto sobre indivíduos quanto sobre instituições, e a espalhá-las. Se boatos falsos criam problemas sérios, precisamos ter o cuidado de garantir que o medo do efeito inibitório não cause, ele mesmo, um efeito inibitório sobre o debate público ou sobre nossos costumes. Essas falsidades podem prejudicar ou até mesmo arruinar vidas. Também podem ter graves consequências financeiras. Foi precisamente esse risco que levou Nova York a decretar uma lei criminalizando o ato de espalhar boatos falsos sobre bancos. Como vimos, os boatos falsos podem solapar a própria democracia. Por todos esses motivos, é sensato esperar que as normas sociais e até mesmo a lei os inibam de algum modo. Em resumo, precisamos encontrar maneiras de desencorajar os efeitos nocivos dos boatos falsos.

Um de meus principais objetivos aqui é descrever resumidamente os mecanismos que estão por trás dos boatos falsos – como se propagam, espalham e enraízam. Muitos dos que tentam espalhar boatos têm uma consciência intuitiva desses mecanismos; às vezes a compreensão que têm é altamente sofisticada. Muitos propagadores sabem exatamente o que estão fazendo. Em consequência, os que desejam se proteger ou proteger os outros dos boatos falsos também devem compreender os mecanismos subjacentes. Veremos que, embora a censura do tipo antigo esteja fora de questão, é legítimo que os tribunais usem as leis contra difamação para proteger as pessoas – quer estejam ou não na vida pública – das falsidades. Mas parte do meu objetivo nada tem a ver com as leis. É sugerir a possibilidade do que os cientistas sociais chamam de *debiasing** – nesse caso, através de uma compreensão aprimorada de como as informações se difundem. Essa compreensão pode nos tornar mais cuidadosos antes de acreditar em boatos falsos e ajudar a criar um tipo de cultura que evite danos ou mesmo a destruição de vidas e de instituições preciosas, grandes e pequenas.

• • • •

Propagadores

Por que os boatos têm início? Por que alguns boatos conseguem um grande público, enquanto outros perecem pela própria (falta de) consistência? Comecemos por algumas distinções.

**Nota do Tradutor*: A palavra é um neologismo. Significa algo como "eliminação da tendenciosidade".

Boatos muitas vezes têm início em propagadores conscientes, que podem ou não acreditar no boato que espalham. Os propagadores de boatos têm motivações diversas. Para entender a situação atual, precisamos identificá-los.

Alguns propagadores são *estritamente egoístas*. Eles buscam favorecer os próprios interesses prejudicando um indivíduo ou grupo específico. Querem ganhar dinheiro, vencer alguma competição ou prosperar de algum outro modo. Espalham boatos por esse motivo. Uma alegação de que o senador Jones é racista ou sexista, ou tem apresentado má conduta, ou está envolvido em algum esquema de corrupção, é um exemplo comum. Da mesma forma, investidores podem tentar inflar ou reduzir preços de ações, fazendo circular um boato sobre o que vai acontecer. Eles investiram na Orange Computers, uma nova empresa, e então espalham um boato sobre o fabuloso novo produto da empresa. Ou então odeiam a Detroit Motors, uma empresa antiga, e espalham um boato sobre seus problemas iminentes. Partidários de um candidato específico frequentemente insinuam que o candidato adversário tem algum segredo terrível em seu passado. Quando membros do Partido Republicano espalham boatos sobre algum funcionário nomeado por um presidente democrata, esperam danificar não só a reputação e o prestígio do nomeado, mas também os do presidente e do

Partido Democrata como um todo, favorecendo, dessa forma, os interesses dos republicanos.

Outros propagadores, em geral, são *egoístas*. Procuram atrair leitores ou internautas espalhando boatos. Alguns sites de direita costumavam fazer comentários absurdos e detestáveis sobre a suposta relação entre Barack Obama e o ex-ativista radical Bill Ayers; um dos objetivos dos sites era, indubitavelmente, atrair mais visitantes. Os propagadores desse tipo estão dispostos a publicar boatos sobre a vida profissional e privada das pessoas, e esses boatos podem ser falsos. Mas eles não têm interesse em prejudicar ninguém. Mesmo que graves, os danos são, na verdade, colaterais. Na internet, muitas vezes se publicam boatos falsos como meio de atrair visitantes. Aqueles que espalham fofocas infundadas caem nessa categoria. Eles dão início ao boato com base em poucas, algumas, muitas ou nenhuma evidência. O que importa é que seu interesse próprio está visivelmente em jogo.

Outros propagadores são *altruístas*. Eles estão envolvidos com algum tipo de causa. Quando dizem que alguma pessoa pública tem alguma opinião ridícula ou perigosa, ou é culpada de atos terríveis, estão tentando promover o bem público, assim como o veem. Ao criar ou espalhar um boato sobre as opiniões ou atos assustadores de um indivíduo ou instituição, os propagadores não raro esperam ajudar a causa que defendem. Na internet, assim como no talk radio, é fácil encontrar propagadores altruístas; eles desempenham papel especialmente significativo no domínio da política. Quando Sean Hannity, o apresentador de um talk show da televisão, atacou Barack Obama por suas supostas associações, um de seus objetivos pode ter sido promover os valores e causas defendidos por ele.

Não menos que suas contrapartes que agem por interesse próprio, os propagadores altruístas podem ser extraordinariamente levianos em relação à verdade, no sentido de que às vezes estão dispostos a dizer coisas que sabem ser falsas e, com mais frequência, dispostos a afirmar o que não sabem se é verdadeiro. Uma espécie de indústria da indignação é facilmente encontrável na televisão, no rádio e na internet. Um produto da indústria da indignação é uma série de boatos falsos ou, no mínimo, enganosos, sobre pessoas cujos engajamentos diferem daqueles das que tentam espalhar suas indignações. O ponto-chave é que aqueles que estão indignados e tentam propagar essa emoção são, não raro, altruístas.

Outro tipo de propagador é o *maldoso*. Ele procura divulgar e disseminar detalhes constrangedores ou prejudiciais, não por interesse próprio ou em nome de uma causa, mas simplesmente para causar danos. Ele positivamente quer prejudicar os outros, em geral por causa de alguma espécie de raiva, ódio, ou dano real ou percebido, criado por acontecimentos específicos ou por um arranjo geral das coisas. Eles positivamente se satisfazem, e até mesmo se deliciam, com os danos que infligem. Aqui também, a relação entre suas afirmações e a verdade pode não ser tão perfeita. Propagadores lascivos, cruéis e maldosos são especialmente eficientes quando as pessoas estão enfrentando algum tipo de sofrimento e tentam achar o sentido da situação em que se encontram. Suas ações são especialmente inquietantes, na medida em que conseguem espalhar boatos sobre pessoas comuns, cujas reputação, relacionamentos e carreiras são gravemente prejudicados. Tais boatos não raro "pegam" e, mesmo que isso não aconteça, podem levantar questões e dúvidas que assombram suas vítimas por um longo tempo.

Os propagadores diferem em muitas dimensões, mas seus esforços mostram padrões semelhantes. Aqui vai um que é cada vez mais comum. Em um post em seu blog, um propagador fornece a descrição de uma pessoa ou instituição – de atos, projetos ou opiniões. O post é lido por muito poucos, mas fica lá, disponível para todos. Outros blogueiros pegam para si a descrição, mesmo que seja infundada e absurda. Eles o fazem não porque têm razões objetivas para acreditar que seja verdadeira, mas porque não têm razões objetivas para acreditar que seja falsa. Talvez estejam preocupados, zangados, temerosos ou simplesmente intrigados. Em um tempo relativamente curto, a descrição aparece em um número significativo de blogs. Nesse momento, centenas, milhares ou mesmo dezenas de milhares de pessoas acabam aceitando a descrição: elas próprias ficam preocupadas, zangadas ou temerosas. Talvez uma retificação apareça em algum outro blog, mas é bem possível que seja desprezada. Em alguns casos, o boato migrará para fontes noticiosas autênticas e perguntas sérias serão feitas sobre a pessoa ou instituição. E mesmo que os boatos sejam infundados, o fato mesmo de que perguntas estão sendo feitas ("Você realmente cometeu um crime? Foi partidário dessa causa absurda?") irá assegurar uma vitória para o propagador.

• • • •

A Importância das Convicções Prévias

Quando e por que os boatos se espalham? É claro que os propagadores não têm dificuldades com alguns grupos, e têm muitas com outros. Se a situação de um grupo está difícil ou sob ameaça, muitos dos membros daquele grupo estarão zangados, e eles vão querer culpar alguém. Sempre que uma ameaça se aproxima ou acontece algo terrível, os boatos são inevitáveis. A maioria das pessoas não tem como saber, por conhecimento pessoal ou direto, por que um avião caiu, um líder foi assassinado, um ataque terrorista foi bem-sucedido ou a economia repentinamente entrou em crise. Logo após uma crise, surgem inúmeras especulações. Para algumas pessoas, essas especulações parecerão plausíveis, talvez porque forneçam uma válvula de escape conveniente para a revolta e as acusações. Acontecimentos terríveis causam revolta e, quando as pessoas estão revoltadas, ficam muito mais propensas a acreditar em boatos que justifiquem seus estados emocionais e também a atribuir os acontecimentos a atos deliberados. Alguns boatos ao mesmo tempo aliviam "um impulso emocional básico" e fornecem uma explicação, àqueles que acreditam, para se sentirem daquele jeito; o boato "explica ao mesmo tempo que alivia".[6] E, quando a situação é instável, as pessoas podem se tornar especialmente propensas a acreditar em um boato sobre os planos egoístas ou abomináveis de pessoas influentes.

Se as pessoas vão acreditar em um boato ou não, isso depende do que pensavam antes de ouvi-lo. Imaginemos que você ouça um boato nocivo sobre seu melhor amigo – por exemplo, de que ele traiu a esposa ou roubou dinheiro da empresa em que trabalha. Você provavelmente tenderá a não acreditar. Imaginemos agora que ouça um boato semelhante sobre a autoridade pública que você mais detesta. Se o boato se conforma com o que você não gosta naquela autoridade, é bem capaz que o aceite como verdadeiro. Mas por quê? Há duas razões.

Muitas de nossas crenças nascem de nossas esperanças, de nossos objetivos e desejos. Nesse sentido, nossas crenças são *motivadas*. Acreditar em determinadas proposições nos faz sentir bem, ou melhor do que nos sentíamos, e rejeitá-las nos faria sentir mal ou até mesmo infelizes. Imagine que você é o orgulhoso proprietário de um novo Toyota Camry Hybrid. Imagine que você ouve um boato dizendo que o Toyota Camry Hybrid tem um grave defeito de fabricação e provavelmente vai quebrar daqui a dois meses. Sua primeira reação pode muito bem ser: "Não acredito nisso!"

Uma grande quantidade de trabalhos demonstra que as pessoas tentam reduzir a dissonância cognitiva se negando a acreditar em afirmações que contradizem suas crenças mais enraizadas.[7] Se propagadores espalharem um boato de que o governo dos Estados Unidos fez algo terrível, a maioria dos americanos irá rejeitá-lo. Para a maior parte das pessoas, é profundamente perturbador ouvir que nosso próprio governo fez algo de repreensível. Da mesma forma, seus familiares dificilmente acreditarão em um boato falso e nocivo sobre você. De modo a reduzir a dissonância cognitiva, não damos crédito a boatos, a não ser que desejemos fazê-lo. Para as pessoas que estão dentro delas, as câmaras de ressonância reforçam as verdades aceitas. Quando aliados próximos de uma personalidade pública dizem não acreditar em um boato nocivo, mas aparentemente verossímil, sobre ela, podem estar muito bem dizendo a verdade; eles estão fortemente motivados a negar o boato não apenas em público, mas também para si mesmos.

Algumas pessoas são imediatamente inclinadas a acreditar em boatos que outras rejeitam. Se os cidadãos do Iraque não confiam no governo dos Estados Unidos, serão motivados a presumir o pior sobre aquele governo. (E, no Iraque, todo tipo de boato falso tem ampla aceitação. Por exemplo, algumas pessoas pensam que as forças armadas dos Estados Unidos incluem um grande número de não americanos que foram recrutados na ocupação – e mortos na guerra e enterrados em locais obscuros, de modo a ocultar sua participação.) Se você tende a antipatizar com alguma personalidade pública, ou de fato gosta de pensar o pior dela, estará motivado a pensar que os boatos nocivos sobre ela são verdadeiros, mesmo que abusem de sua credulidade. O boato falso de que a governadora Sarah Palin pensava que a África era um país, e não um continente, deu prazer a seus críticos. Sem dúvida, aqueles que a rejeitavam gostaram de acreditar que ela havia cometido uma asneira absurda como essa.

Agora, temos uma compreensão inicial de por que diferentes grupos e até mesmo países têm reações amplamente discordantes aos boatos. Alguns grupos e países são fortemente motivados a acreditar em boatos que outros são igualmente motivados a rejeitar. A popularidade das teorias da conspiração pode ser compreendida da mesma maneira. Quando algumas pessoas acreditam que os ataques de 11 de setembro foram orquestrados pelos Estados Unidos, ou que banqueiros judeus são responsáveis por algum desastre econômico, é porque *preferem* acreditar nessas coisas.

Para entender o papel das convicções prévias, é importante perceber que as motivações são apenas parte do todo.

Acreditar ou não em um boato depende, em parte, de como aquele boato se encaixa no que você já sabe. Se um boato não puder encaixar-se em seu estoque existente de conhecimentos, parecerá ridículo e não terá força. Tendo gasto algum tempo com seu novo Toyota Camry Hybrid e visto como ele funciona bem, você tem motivos para não levar em conta um boato sobre uma pane iminente. Se Smith é um de seus melhores amigos, você tem motivos para não dar crédito ao boato de que ele tem roubado dinheiro da empresa em que trabalha. Sua propensão a acreditar em um boato inevitavelmente dependerá das informações, que são seu ponto de partida.

Agora, temos outra explicação para os boatos políticos serem recebidos de maneira radicalmente diferente por diferentes públicos. Aqueles que admiram o senador Jones provavelmente têm informações favoráveis sobre ele, e será preciso uma grande quantidade de evidências para persuadi-los a modificar suas crenças. Os que desgostam do senador Jones normalmente têm informações desfavoráveis sobre ele, e boatos negativos irão, portanto, encontrar território fértil. Por essa razão também, alguns boatos que recebem atenção respeitosa em alguns grupos causam incredulidade e risos em outros. O conhecimento prévio opera tanto para frustrar quanto para estimular os boatos.

Em todas as sociedades, as pessoas têm diferentes "limites" para acreditar em um boato.[8] Alguns podem acreditar prontamente que Smith viciou-se em jogos de azar; eles talvez não gostem de Smith, e talvez tenham observado algum comportamento de sua parte que se encaixa no boato. Chamemos esse grupo de os "receptivos". Outras pessoas podem não ter qualquer inclinação para qualquer um dos lados; elas não gostam nem desgostam de Smith, e têm poucos conhecimentos relevantes. Com poucas evidências ou com a opinião compartilhada de algumas pessoas, elas podem vir a acreditar no boato. Chamemos essas pessoas de os "neutros". Outras pessoas podem gostar de Smith e confiar nele; elas exigirão uma grande quantidade de informações que corroborem o boato antes de acreditar. Mas quando as evidências se tornam acachapantes – e, entre elas, podem estar as crenças compartilhadas por uma grande quantidade de pessoas –, elas cederão. Chamemos esse grupo de os "céticos".

Dentro desses diversos limites, é possível encontrar pontos de virada nos quais inúmeras pessoas podem acabar sendo levadas a acreditar no boato. Suponhamos que os propagadores consigam alcançar os receptivos. Se esse grupo for amplo o bastante, sua convicção compartilhada pode, por fim, persuadir os neutros. E se os neutros forem numerosos, alguns dos céticos podem começar a "virar", criando uma convergência social em uma nova crença. É possível ver o papel dos pontos de virada em muitos campos. Por exemplo, muitas pessoas a princípio relutaram em acreditar na alegação de que o presidente Richard Nixon estava realmente envolvido em uma conspiração para esconder uma escuta telefônica no Hotel Watergate. Mas os receptivos (aqueles que tinham grande aversão pelo presidente Nixon e estavam prontos para acreditar no pior sobre ele) foram persuadidos com bastante facilidade, e por fim os neuros também mudaram de lado. Antes que transcorresse muito tempo, a crença compartilhada de milhões de americanos e as evidências aparentemente incontestáveis fizeram os céticos mudarem também.

Esse processo geral explica a mudança nas crenças de todo tipo – envolvendo, por exemplo, convicções religiosas, darwinismo, méritos de candidatos políticos, opiniões sobre o relacionamento entre pessoas do mesmo sexo e muito mais. Vale a pena parar e pensar sobre a natureza da conversão religiosa, que muitas vezes ocorre dessa maneira. Por que algumas pessoas se tornam cristãs, outras judias, outras agnósticas e outras ainda ateias? As crenças compartilhadas de outras pessoas nas quais confiamos são extraordinariamente importantes, e os pontos de virada também cumprem um papel.

Mas as dinâmicas subjacentes são especialmente claras no que diz respeito aos boatos. Investiguemos agora essas dinâmicas, em maiores detalhes.

• • • •

Aprendendo com os Outros 1: Cascatas Informacionais

Os boatos frequentemente se espalham através das cascatas informacionais. A dinâmica básica por trás dessas cascatas é simples: quando certo número de pessoas parece acreditar em um boato, outras também acreditarão nele, a menos que tenham bons motivos para acreditar que seja falso. A maior parte dos boatos envolve tópicos sobre os quais as pessoas não têm conhecimentos diretos ou pessoais, então a maioria de nós submete-se à multidão. Na medida em que mais pessoas se submetem, fazendo, dessa forma, a multidão crescer, surge o perigo real de que grandes grupos de pessoas acreditem em boatos, mesmo que eles sejam inteiramente falsos.

Imagine um grupo de pessoas que está resolvendo se o senador Jones fez algo reprovável.[9] Cada membro do grupo está comunicando sua opinião em sequência. Andrew é o primeiro a falar; talvez seja ele o propagador do boato. Andrew declara que o senador Jones de fato fez algo reprovável. Barbara agora sabe o que Andrew pensa. Exercendo independentemente seu próprio discernimento, tomando como base o que ela sabe sobre o senador, talvez concorde com Andrew. Se ela não tem conhecimento algum sobre o senador Jones, também pode concordar com Andrew; talvez aceite a afirmação de Andrew de que ele sabe do que está falando. Ou suponha que a opinião própria dela é que o senador Jones provavelmente não teve parte no escândalo. Mesmo que seja esse o caso, ela ainda pode acabar acreditando no boato, somente por causa do que Andrew disse. Se Barbara confia em Andrew o mesmo tanto que confia em si mesma, talvez não saiba o que pensar ou fazer; pode simplesmente decidir no cara ou coroa.

Agora pense numa terceira pessoa, Carl. Suponha que tanto Andrew quanto Barbara afirmem acreditar no boato, mas que as informações que Carl tem, embora estejam longe de ser conclusivas, indiquem que a opinião deles esteja errada. Mesmo nesse caso, Carl pode muito bem ignorar o que sabe e seguir Andrew e Barbara. É possível, afinal, que tanto Andrew quanto Barbara tenham suas razões para chegar à conclusão que chegaram e, a menos que Carl considere suas informações melhores do que as deles, pode segui-los. Se Carl fizer isso, ele está numa cascata.

Suponha agora que Carl esteja concordando com Andrew e Barbara; não dispondo de qualquer informação direta sobre o senador Jones, ele pensa que os dois provavelmente estão certos. Suponha também que outros membros do grupo – Dennis, Ellen e Frances – sabem o que Andrew, Barbara e Carl pensam e dizem, e acreditam que a conclusão deles é provavelmente razoável. Nesse caso, eles farão exatamente o mesmo que Carl fez: acreditar no boato sobre o senador Jones, mesmo que não possuam qualquer conhecimento relevante. Nosso pequeno grupo pode acreditar no boato mesmo que Andrew tenha inicialmente dito algo que sabia ser falso, ou tenha dito algo com sinceridade, mas incorreto. Em resumo, a afirmação inicial de Andrew pode dar início a uma cascata em que várias pessoas aceitam e espalham informações falsas muito graves.

Isso tudo pode parecer fantasioso, mas as cascatas realmente ocorrem muitas vezes no mundo real. Na verdade, essa pequena história ajuda a explicar a transmissão de muitos boatos. Mesmo entre especialistas, as cascatas são comuns. Portanto, um artigo no *The New England Journal of Medicine* investiga as "bandwagon diseases" (doenças da moda), em que médicos agem como "lemingues, de maneira fortuita e com um entusiasmo cego e contagioso, apregoando certas doenças e tratamentos basicamente porque todas as outras pessoas estão fazendo a mesma coisa".[10] Isso pode gerar sérias consequências no mundo real. "A maioria dos médicos não está na vanguarda das pesquisas; a inevitável confiança que dão ao que os colegas fizeram e estão fazendo leva a inúmeras modas cirúrgicas e a doenças decorrentes de tratamentos."[11] Algumas práticas médicas, inclusive a cirurgia para remoção das amígdalas, "parecem ter sido inicialmente adotadas com base em informações insuficientes", e diferenças extremas nas incidências dessa cirurgia (e de outros procedimentos, inclusive vacinações) são indícios consistentes de que as cascatas estão em ação.[12]

Na internet, cascatas informacionais acontecem todo dia e, mesmo quando envolvem boatos infundados, afetam significativamente nossas crenças e comportamentos. Tome o fato de que os vídeos do YouTube têm muito mais probabilidade de atrair uma quantidade muito maior de espectadores se já atraíram muitos espectadores – um exemplo claro de cascata.

É também verdade que muitas cascatas espalham a verdade, e elas podem trazer muitos benefícios. O fenômeno das cascatas ajuda a explicar crenças como a de que a Terra é redonda, a segregação racial é ruim, as pessoas têm direito à liberdade de expressão e a democracia é a melhor forma de governo. Um banco pode realmente estar falindo, um político pode de fato ser corrupto e, se uma cascata espalhar esses fatos, tanto melhor. A crença de que a Terra é redonda, a ofensiva contra o apartheid na África do Sul e o movimento global pela igualdade entre os sexos foram todos incentivados por cascatas informacionais. Mas, muitas vezes, os boatos falsos também dão início a cascatas e, quando isso ocorre, dois problemas sociais de grande porte acontecem. O primeiro e mais importante é que as pessoas podem vir a acreditar em uma falsidade, talvez numa que seja prejudicial. Essas cascatas podem arruinar relacionamentos, negócios e até mesmo carreiras. Em segundo lugar, aqueles que estão na cascata geralmente não manifestam suas dúvidas pessoais. As pessoas talvez reconheçam que é improvável o senador Jones ter feito aquilo de que o acusam, mas vão atrás daquilo que veio antes disso. Lembre-se das motivações maldosas ou egoístas de muitos propagadores; podemos agora entender melhor por que é importante inibir as falsidades que eles põem em circulação.

No que diz respeito aos boatos, é claro, as pessoas partem de diferentes níveis de informação. Muitos de nós não dispomos de qualquer informação relevante. Ao ouvir algo que pareça plausível mas preocupante, os que não têm informações podem acreditar no que ouvem, se não conhecem nada que indique o contrário. Outras pessoas não são ignorantes; elas de fato sabem de algo que é relevante, mas não o suficiente para sobrepujar as crenças compartilhadas por muitos outros, pelo menos quando se confia nesses outros. Outras pessoas possuem uma quantidade significativa de informações relevantes, mas são motivadas a acreditar no boato falso. Lembre-se da importância dos pontos de virada: os boatos muitas vezes se espalham por meio de um processo no qual são aceitos primeiramente por pessoas com baixos limites e, à medida que o número de adeptos aumenta, finalmente por pessoas com limites maiores, que concluem, não sem razão, que um grupo de pessoas tão grande assim não pode estar errado.[13] O resultado final é que grandes quantidades de pessoas terminam por acreditar em um boato falso, mesmo que ele seja completamente infundado. Voltemos à internet. Um propagador faz uma afirmação em seu blog; outros blogs repetem essa afirmação; e, no fim, a acumulação de afirmações cria uma verdadeira impressão, certamente entre pessoas pertencentes a grupos sociais específicos, e talvez num círculo muito mais amplo. Tanto as verdades quanto as falsidades se espalham dessa maneira.

Um estudo, não sobre boatos, mas sobre downloads de músicas, revela muito sobre esse processo. Matthew Salganik, sociólogo de Princeton, e seus coautores[14] criaram um mercado artificial de músicas entre 14.341 participantes, que eram visitantes de um site popular entre os jovens. Os participantes receberam uma lista de músicas até então desconhecidas, de bandas desconhecidas. Os estudiosos pediram que ouvissem seleções de quaisquer músicas que interessassem, para decidir quais delas (se alguma) baixar, e que então dessem uma nota às escolhidas. Cerca de metade dos participantes tomou suas decisões com base nas opiniões independentes sobre a qualidade das músicas. Esse era o grupo controle. Os participantes fora desse grupo foram aleatoriamente colocados em um de oito "mundos" possíveis. Dentro desses mundos, os participantes podiam ver quantas vezes cada música havia sido baixada. Cada um desses mundos evoluía independentemente; os participantes de cada mundo podiam ver somente os downloads do próprio mundo. A pergunta-chave era se as pessoas seriam influenciadas pelo conhecimento que tinham das escolhas dos outros – e se diferentes músicas se tornariam populares em diferentes mundos. O que você acha que aconteceria? As pessoas seriam influenciadas pelas escolhas dos outros?

Acontece que as pessoas foram dramaticamente influenciadas pelas escolhas de seus predecessores. Em cada um dos oito mundos, as pessoas eram muito mais propensas a baixar músicas que já haviam sido bastante baixadas anteriormente – e bem menos propensas a baixar músicas que não haviam conseguido tanta popularidade. O que é mais surpreendente: o sucesso das músicas se mostrou altamente imprevisível. As músicas que tiveram sucesso ou fracassaram no grupo de controle, no qual as pessoas não viam as escolhas das outras, podiam ter um desempenho muito diferente nos mundos da "influência social". Naqueles mundos, uma música podia tornar-se muito popular ou muito impopular, tudo dependendo das escolhas dos primeiros participantes de baixá-la ou não. A mesma música podia ser um sucesso ou um fracasso, simplesmente porque outras pessoas, no começo, haviam escolhido baixá-las ou não. Como dizem Salganik e seus coautores: "Em geral, as 'melhores' músicas nunca têm um desempenho muito ruim, e as 'piores' músicas nunca fazem um grande sucesso", mas – e essa é a parte impressionante – "praticamente qualquer outro resultado é possível".[15]

Em um estudo relacionado, Salganik e seus coautores, agindo ao estilo dos propagadores, tentaram influenciar o processo. Eles disseram às pessoas, mentindo, que certas músicas haviam sido baixadas muitas vezes, mesmo que, na realidade, se houvessem mostrado impopulares.[16] Mais especificamente, na prática, os pesquisadores inverteram a popularidade real, de modo que as pessoas vissem as músicas menos populares como as que mais tiveram downloads, e as mais populares, como as que menos foram baixadas. A descoberta principal foi a de que eles conseguiram produzir profecias autorrealizáveis, em que as ideias falsas sobre a popularidade haviam produzido popularidade verdadeira com o passar do tempo. Quando as pessoas pensam que as músicas são populares, as músicas de fato se tornam populares, pelo menos no curto prazo. É verdade que as músicas mais populares realmente recuperaram a popularidade, mas levou algum tempo, e músicas que anteriormente estavam entre as menos populares – antes da inversão – continuaram no topo da lista ou próximo dele. Essa é uma demonstração impressionante de como o comportamento das pessoas pode ser influenciado pela compreensão, mesmo que falsa, do que as outras pessoas pensam e fazem.

Os experimentos com download de músicas ajudam a explicar como os boatos se espalham. Supostos fatos sobre um político, país ou empresa realmente circulam muito mais em certos "mundos" do que em outros – e em mundos diferentes, as pessoas acreditam em "fatos" diferentes. O sucesso variável dos boatos fornece um equivalente do mundo real para o conceito, tão popular nos romances de ficção científica, dos "mundos paralelos". Mesmo sem esforços deliberados de manipulação, certos boatos se tornam enraizados em alguns lugares, e não têm sucesso algum em outros. Se os propagadores forem espertos, tentarão convencer as pessoas de que outros acreditam no boato que estão criando ou espalhando. Um propagador muitas vezes tem um sucesso extraordinário em alguns mundos, mas nenhum em outros; outro propagador mostrará um padrão de sucessos e fracassos radicalmente diferente. A qualidade, avaliada em termos de equivalência à verdade, pode não importar muito ou até nada. Lembre-se de que no YouTube, as cascatas são comuns: os vídeos populares atraem cada vez mais atenção, não necessariamente porque são bons, mas porque são populares.

À luz disso, podemos ver por que alguns grupos sociais se apegam com tanta tenacidade a boatos falsos, enquanto outros os tratam como implausíveis ou até mesmo ridículos. Um exemplo é a existência de opiniões amplamente divergentes, entre grupos diferentes, sobre as origens e as causas da Aids – com alguns grupos acreditando, falsamente, que os primeiros casos foram registrados na África, como resultado de relações sexuais entre seres humanos e macacos, e outros grupos acreditando, também falsamente, que o vírus foi criado em laboratórios do governo americano.[17] Outro exemplo é a existência de opiniões amplamente divergentes sobre as causas dos ataques de 11 de setembro – opiniões que atribuem os ataques a muitas fontes, incluindo Israel e Estados Unidos.

As várias opiniões sobre a Aids e os ataques de 11 de setembro são produto de interações sociais e, especificamente, de cascatas informacionais. O mesmo processo ocorre quando grupos acreditam em algum suposto fato sobre as opiniões, tolices ou crimes terríveis mantidos em segredo por uma personalidade pública ou pessoa comum. Em cada um desses exemplos, muitas vezes uma cascata informacional está em ação. E quando boatos propelidos por cascatas se transformam em crenças consolidadas, a combinação pode ser devastadora. Lembre-se de que pessoas que têm crenças semelhantes estão especialmente propensas a acreditar em alguns boatos e a rejeitar outros. Suponha que um grupo (digamos, no Utah ou no Irã) passou por uma cascata acionada por um boato, enquanto outro grupo (em, digamos, Nova York ou no Canadá), não. Sendo esse o caso, as pessoas dos diferentes "mundos" desenvolverão fortes crenças prévias com as quais abordarão tudo o que ouvirem mais tarde – crenças que podem ser de difícil correção, um ponto sobre o qual falarei mais tarde.

• • • •

Aprendendo com os Outros 2: Cascatas de Conformidade

Às vezes, algumas pessoas acreditam em boatos porque outras pessoas acreditam neles. Mas, outras vezes, as pessoas simplesmente fingem fazer isso. Elas se autocensuram, para que pareçam concordar com a multidão. Pressões para a conformidade fornecem outra explicação de como os boatos se espalham.

Para entender como a conformidade funciona, vejamos alguns experimentos clássicos de Solomon Asch, que investigou se as pessoas estariam dispostas a ignorar as evidências inequívocas dos próprios sentidos.[18] Nesses experimentos, o participante era colocado em um grupo de sete a nove pessoas, que aparentavam ser outros participantes, mas que, na verdade, eram cúmplices de Asch. Sua tarefa ridiculamente simples era associar uma linha, mostrada num grande cartão branco, à linha que, dentre as três "linhas de comparação", era idêntica à primeira em comprimento. As duas linhas não correspondentes eram substancialmente diferentes, com o diferencial variando entre 4,5cm e 2cm.

Nas primeiras duas rodadas dos experimentos de Asch, todos concordaram quanto à resposta certa. "As avaliações são simples; cada indivíduo monotonamente emite o mesmo parecer."[19] Mas "essa harmonia é subitamente interrompida na terceira rodada".[20] Todos os outros membros do grupo cometem o que é, para o participante e para qualquer pessoa sensata, obviamente um erro gritante, ligando a linha em questão àquela notavelmente mais longa ou mais curta. Nessas circunstâncias, o participante tinha uma escolha: podia sustentar seu julgamento independente ou, em vez disso, aceitar a visão da maioria unânime.

O que aconteceu? Incrivelmente, a maioria das pessoas acabou por ceder ao grupo ao menos uma vez, ao longo de uma série de testes. Quando lhes era pedido que decidissem sozinhas, sem ver as escolhas dos outros, as pessoas erraram menos de 1% das vezes. Mas em rodadas nas quais a pressão do grupo apoiava a resposta incorreta, as pessoas erraram 36,8% das vezes.[21] Na verdade, em uma série de 12 perguntas, nada menos do que 70% das pessoas seguiram o grupo, desafiando as evidências de seus próprios sentidos, pelo menos uma vez.[22]

Por que isso acontece? Vários conformistas declararam, em entrevistas privadas, que suas opiniões deviam estar equivocadas – essa resposta sugere que foram movidos não pela pressão de seus pares, mas por acreditarem que a crença compartilhada dos outros provavelmente estaria correta. Por outro lado, experimentadores usando o mesmo arranjo básico dos experimentos de Asch descobriram um percentual de erros significativamente reduzido quando se pedia que os participantes respondessem em particular.[23] Em resumo, quando as pessoas sabem que o conformismo ou a divergência serão facilmente identificados, é mais provável que optem pela conformidade.[24] Essas descobertas sugerem que a pressão grupal é importante – e que induz ao que o economista Timur Kuran chamou de *falsificação do conhecimento*, isto é, afirmações públicas em que as pessoas falseiam seus conhecimentos efetivos.[25] Aqui, então, encontra-se uma pista sobre a relação entre os boatos bem-sucedidos e as pressões pela conformidade. As pessoas falsificam o próprio conhecimento ou, no mínimo, silenciam as próprias dúvidas, frente às opiniões visíveis de uma multidão.

Os boatos muitas vezes se espalham através de cascatas de conformidade, que são especialmente importantes em redes sociais compostas de grupos firmemente integrados, ou nos quais há forte interesse direto em certo conjunto de crenças. Em uma cascata de conformidade, as pessoas seguem o grupo de modo a parecer bem na opinião dos outros – a despeito das opiniões ou dúvidas que têm em particular. Suponha que Albert sugira que certa figura política é corrupta, e que Blanche concorde com Albert não porque realmente pense que ele está certo, mas porque não deseja parecer, a Albert, ignorante ou indiferente à corrupção das autoridades. Se Albert e Blanche dizem que a autoridade é corrupta, Cynthia talvez não os contradiga publicamente, e talvez pareça até compartilhar da opinião deles. Ela o faz não por acreditar que aquela opinião seja correta, mas porque não quer encarar a hostilidade dos amigos ou cair no conceito deles.

Deveria ser fácil ver como esse processo pode gerar um tipo especial de cascata. Quando Albert, Blanche e Cynthia formarem uma frente unida quanto à questão, seu amigo David poderá relutar em contradizê-los, se achar que estão errados. A opinião aparentemente compartilhada por Albert, Blanche e Cynthia comunica uma nova informação: a opinião deles talvez esteja correta. Mas mesmo que David esteja cético ou tenha motivos para acreditar que eles estão errados, pode não querer romper com os amigos publicamente.

As cascatas de conformidade certamente podem gerar convergência na verdade. Talvez os excessivamente céticos estejam se calando – o que não é muito ruim se o ceticismo deles for infundado. Mas as cascatas de conformidade muitas vezes ajudam a explicar como os boatos falsos se espalham. Especialmente quando as pessoas operam dentro de um grupo firmemente unido, ou vivem em algum tipo de encrave, podem se calar, caso se deparem com uma opinião ou um juízo em ascensão, mesmo que não tenham certeza de que ele seja certo. Muitas vezes, as pessoas desconfiam do boato ou acreditam que não seja verdadeiro, mas não contradizem a opinião do grupo relevante, em grande parte para evitar sanções sociais. Pense nos grupos de extrema-esquerda e extrema-direita, em que redes sociais bem organizadas muitas vezes espalham falsidades nocivas, frequentemente sobre seus adversários políticos, com a indispensável ajuda das pressões de conformidade.

No mundo real das decisões em grupo, evidentemente as pessoas não sabem se as declarações feitas em público resultam de um conhecimento independente, da participação em uma cascata informacional ou da pressão pela conformidade. Muitas vezes, pensamos que as ações dos outros se baseiam em informações objetivas, quando, na verdade, o são em pressões sociais. Boatos falsos se enraízam por causa disso. E aqui também, é claro, limites diversificados têm muita importância. Blanche pode silenciar e concordar com o grupo somente quando a pressão pela conformidade for intensa; David pode se deixar levar mais facilmente. Mas se a maior parte do mundo consiste em pessoas como David, então as Blanches estão mais propensas, com o passar do tempo, a ceder. Não há menos pontos de virada para a conformidade do que para a quantidade de informações.

• • • •

Aprendendo com os Outros 3: Polarização de Grupo

A deliberação entre pessoas de ideias afins muitas vezes enraíza os boatos falsos.[26] As explicações aqui coincidem com aquelas que dão conta das cascatas sociais, mas as dinâmicas são distintas. Aqui, mais uma vez, podemos entender por que alguns grupos acabam acreditando em boatos que parecem ridiculamente implausíveis a outros.

A Descoberta Fundamental

No verão de 2005, um pequeno experimento de democracia foi realizado no estado de Colorado.[27] Sessenta cidadãos americanos foram reunidos e ordenados em 10 grupos, cada um consistindo em seis pessoas. Pediu-se aos membros de cada grupo que deliberassem sobre diversas questões, incluindo uma das mais polêmicas daquele tempo: deveriam os Estados Unidos assinar um tratado internacional para combater o aquecimento global? Para responder a essa pergunta, as pessoas tinham de lidar com o que se poderia chamar, num sentido vago, de boatos. Elas tinham de perguntar se a mudança do clima era real ou uma farsa, se a economia dos Estados Unidos seria gravemente prejudicada pela participação em um acordo internacional e se tal acordo seria necessário para evitar um desastre iminente ou de longo prazo para os Estados Unidos.

Na montagem do experimento, os grupos consistiam em membros "liberais" e "conservadores" – os primeiros de Boulder, os últimos de Colorado Springs. No jargão dos anos eleitorais, havia cinco grupos "estado azul" e cinco grupos "estado vermelho"* – cinco grupos cujos membros inicialmente tendiam a posições liberais quanto às mudanças climáticas e cinco cujos membros tendiam a posições conservadoras sobre a mes-

---

**Nota do Tradutor*: Azul e vermelho são, respectivamente, as cores dos Partidos Democrata e Republicano. Quando a maioria do eleitorado prefere um dos partidos, diz-se que é um estado daquela cor.

ma questão. Pediu-se às pessoas que declarassem suas opiniões anonimamente, tanto antes quanto depois de 15 minutos de discussão em grupo. Qual foi o efeito da discussão?

Os resultados foram bem simples. Em quase todos os grupos, os membros passaram a defender posições mais radicais, depois de conversar uns com os outros. A maioria dos liberais de Boulder, antes da discussão, se mostrou favorável a um tratado internacional para controlar o aquecimento global; o apoio ao tratado cresceu depois da discussão. Muitos dos conservadores em Colorado Springs eram um tanto céticos quanto ao tratado antes da discussão; se opuseram vigorosamente a ele depois do debate. Além de aumentar o extremismo, o experimento teve um efeito diferente: tornou tanto os grupos liberais quanto os conservadores significativamente mais homogêneos – e, consequentemente, esmagou a diversidade. Antes que seus membros começassem a conversar, tanto os grupos vermelhos quanto os azuis exibiam um bom tanto de discordância interna. As discordâncias foram reduzidas após uma discussão de meros 15 minutos. Mesmo em suas declarações anônimas, os membros dos grupos demonstraram um consenso muito maior depois da discussão do que antes dela.

Além disso, a divisão entre liberais e conservadores aumentou, em consequência das discussões. E depois das discussões, as opiniões entre os membros de grupos de ideias afins se estreitaram a um ponto no qual todos concordavam em grande parte com todos os outros.

O experimento feito no Colorado é um estudo de caso sobre a polarização de grupo: quando pessoas de ideias afins deliberam, geralmente acabam adotando uma posição mais radical, em sincronia com suas tendências pré-deliberação.[28] A polarização de grupos é um fenômeno onipresente na vida humana. Se um grupo de pessoas tende a acreditar que o líder do país é um criminoso, ou que um executivo é um salafrário, ou que um de seus próprios membros os traiu, a crença deles nesse sentido será fortalecida depois de conversarem entre si. No contexto da transmissão de boatos, a implicação é simples: quando membros de um grupo começam com uma prévia em um boato, as deliberações internas reforçarão a crença em sua veracidade. A crença prévia pode envolver uma alegação específica, inclusive fofocas sobre uma pessoa aparentemente poderosa. Ou envolver uma crença mais geral, na qual o boato facilmente se encaixa. O ponto-chave é que as deliberações internas aumentam o enraizamento do boato.

Os primeiros experimentos que constataram a polarização de grupo estudaram como as interações sociais influenciariam o modo como as pessoas lidam com os riscos.[29] Tome, por exemplo, as questões de aceitar ou não um novo emprego, investir em um país estrangeiro, fugir de um campo de prisioneiros de guerra ou concorrer a um cargo político.[30] Após deliberar sobre essas questões, os membros de um grupo se tornaram significativamente mais dispostos a correr riscos, após um breve período de discussão uns com os outros. Com base nessas evidências, tornou-se normal acreditar que a deliberação entre pessoas aleatoriamente selecionadas produziria um "desvio para o risco" sistemático. A principal consequência de uma discussão em grupo, assim se pensou por um longo tempo, era produzir aquele desvio para o risco.

Mas estudos posteriores levantaram sérias dúvidas sobre essa conclusão. Em muitas das mesmas questões sobre as quais os americanos apresentaram um desvio para o risco, participantes de estudos em Taiwan mostraram um "desvio para a cautela".[31] Na maioria dos assuntos listados, a deliberação levou os cidadãos de Taiwan a se tornarem significativamente menos inclinados ao risco do que estavam antes de iniciar a conversa. E o desvio para a cautela não se restringiu aos taiwaneses. Entre os americanos, a deliberação às vezes também produzia um desvio para a cautela, quando pessoas avessas ao risco se tornaram mais relutantes a correr certos riscos, depois de conversar entre si.[32]

A um primeiro olhar, parecia difícil reconciliar essas descobertas conflitantes, mas a reconciliação ao fim mostrou-se simples: a mediana pré-deliberação é o melhor indicador da direção do desvio.[33] Quando os membros do grupo estão inicialmente dispostos a correr riscos, desviam-se para um maior entusiasmo por correr riscos. Onde os membros estão inicialmente inclinados à cautela, se tornam mais cautelosos depois de conversar. Segue-se que a diferença notável entre norte-americanos e taiwaneses não é um produto de qualquer diferença cultural em como as pessoas se comportam em grupos. Resulta de uma diferença nas medianas pré-deliberação dos participantes americanos e dos participantes taiwaneses em questões-chave.[34] Assim, o desvio para o risco e o desvio para a cautela são agrupados sob a rubrica geral de polarização de grupo.

No laboratório de psicologia experimental, a polarização de grupo foi demonstrada em uma gama notavelmente ampla de contextos, muitos dos quais dizem respeito diretamente à transmissão de boatos.[35] O quanto a pessoa projetada na tela para um grupo de espectadores é bonita? Se indivíduos dentro de um grupo começam pensando que a pessoa em questão é bonita, o grupo inteiro provavelmente acabará pensando, depois da discussão, que aquela pessoa é devastadoramente atraente.[36] (As estrelas de cinema, sem dúvida, se beneficiam desse processo.) A polarização de grupo também ocorre no caso de questões factuais obscuras, do tipo o quanto a cidade antiga de Sodoma (no Mar Morto) está abaixo do nível do mar.[37] Até mesmo ladrões demonstram um desvio na direção da cautela, ao discutir futuras empreitadas criminosas.[38]

De maneira a entender a dinâmica por trás da transmissão dos boatos, vários estudos são especialmente úteis. Após deliberação, grupos de pessoas se mostram muito mais inclinados a protestar contra comportamentos evidentemente injustos do que antes do início da discussão.[39] Tome, por exemplo, a questão de qual é a resposta apropriada a três eventos diferentes: violência policial contra afro-americanos, uma guerra obviamente injustificável e discriminação sexual em uma câmara municipal. *Em todos esses contextos, a deliberação tornou os membros de grupos mais inclinados a apoiar ações agressivas de protesto.* Os membros dos grupos passaram do apoio a uma passeata pacífica ao apoio a uma manifestação não violenta, como a ocupação de uma delegacia de polícia ou prédio da prefeitura. O interessante: o tamanho do desvio em direção a uma reação mais radical foi correlacionado com a mediana inicial. Quando, de início, as pessoas apoiavam uma reação forte, a discussão em grupo produziu maior desvio em direção ao apoio a uma reação ainda mais forte. Essa descoberta é típica na literatura: o tamanho do desvio tem conexão com a força do ponto de partida da pessoa média.[40]

Quando estamos individualmente inclinados a acreditar que houve alguma injustiça, a discussão intensificará nossas crenças e nos deixará muito furiosos.[41] Os estudos mais relevantes têm alto grau de realismo. Em um deles, pediu-se às pessoas que simulassem tarefas típicas de um escritório: compor orçamento, marcar reuniões e encaminhar as mensagens telefônicas através dos canais apropriados. Um bom desempenho poderia gerar recompensas financeiras. Após completar as tarefas, as pessoas tinham permissão para pedir feedback dos supervisores. Algumas das respostas dos supervisores pareciam grosseiras e injustas, como "Decidi não ler sua mensagem. As instruções dizem que quem decide sou eu... então não se dê ao trabalho de me enviar outras mensagens ou explicações sobre seu desempenho nessa tarefa" e "Se você tivesse se dedicado mais, teria pontuado melhor".

Pediu-se então aos participantes que avaliassem seus supervisores, nos quesitos justiça, cortesia, tendenciosidade e capacidade de liderança. As avaliações individuais foram gravadas em particular; chegou-se a um consenso grupal sobre a questão; e, por fim, avaliações individuais foram gravadas em particular, depois do julgamento do grupo. Revelou-se que os julgamentos dos grupos eram muito mais negativos do que a média dos julgamentos individuais.

Por que a Polarização?

Para entender como a polarização de grupo solidifica e espalha os boatos, precisamos perguntar por que pessoas de ideias afins chegam aos extremos. Há três razões.

Primeiro, a troca de informações intensifica as crenças preexistentes. A pessoas tendem a reagir aos argumentos dos outros – e qualquer grupo com alguma predisposição a uma direção se inclinará inevitavelmente para aquela direção.

Suponha que você esteja num grupo de pessoas cujos membros tendem a acreditar em algum boato – dizendo que comer carne vermelha não é saudável, que alguma pessoa realmente é culpada de má conduta sexual ou não pagou seus impostos, ou que uma empresa está prestes a falir. Em um grupo assim, você ouvirá muitos argumentos que apontam naquele sentido, e verá um apoio considerável a essas crenças conjecturais. Por causa da distribuição inicial de opiniões, você ouvirá um número relativamente menor de opiniões divergentes. É altamente provável que já tenha ouvido alguns, mas não todos, os argumentos que emergirem da discussão. Depois de ouvir tudo o que se tinha a dizer, provavelmente você se inclinará ainda mais na direção da ideia de que comer carne vermelha faz mal, a acreditar na alegação de má conduta sexual ou sonegação de impostos e de pensar que a empresa vai falir – e provavelmente estará mais propenso a acreditar nos boatos que corroborem sua crença. E mesmo que você não mude – mesmo que seja anormalmente resistente ao que os outros pensam –, a maioria de seus companheiros de grupo será influenciada.

Segundo, ficamos mais seguros de nossas opiniões quando elas são corroboradas e, quando ficamos mais seguros, tendemos a nos tornar mais radicais. Aqueles que estão inseguros, e que não sabem o que pensar, tendem a moderar suas opiniões.[42] Suponha que lhe perguntem a opinião sobre alguma questão sobre a qual você tem uma opinião especulativa, mas não tem informações suficientes – digamos, se um boato sobre um político é verdadeiro. É provável que você evite um posicionamento radical. É por esse motivo que as pessoas cautelosas, quando não sabem o que fazer, tendem a escolher o ponto médio entre os extremos.[43] Mas se outras pessoas parecem compartilhar sua opinião inicial, você tenderá a se sentir mais seguro de que suas opiniões são corretas. Como resultado disso, provavelmente se inclinará para uma direção mais radical.

Em uma ampla variedade de contextos experimentais, demonstrou-se que as opiniões das pessoas se tornam mais radicais simplesmente porque suas primeiras ideias foram corroboradas, e porque elas adquirem autoconfiança depois de saber que outros têm a mesma opinião.[44] Suponha que outras pessoas compartilhem de sua opinião hesitante de que é possível perder peso evitando os carboidratos, de que os ataques de 11 de setembro foram uma encenação ou de que um país representa séria ameaça ao restante do mundo. Se for assim, sua própria opinião ganhará mais força depois que você ouvir o que elas têm a dizer.

O que é especialmente digno de nota aqui é que esse processo – de uma certeza e um radicalismo mais intensos – muitas vezes ocorre ao mesmo tempo para todos os participantes. Suponha que um grupo de quatro pessoas tenda a suspeitar das intenções da China em relação a algum acordo internacional. Ao ver sua opinião vacilante confirmada por três outros, um membro do grupo provavelmente se sentirá confirmado, terá mais certeza da própria opinião e tenderá a um maior radicalismo. Ao mesmo tempo, os mesmíssimos movimentos internos estão ocorrendo em *outras* pessoas (da corroboração para uma certeza maior, e da certeza maior para maior radicalismo). Mas esses movimentos talvez não sejam tão óbvios para cada participante. A maioria das pessoas não monitora cuidadosamente os desvios nas opiniões das outras pessoas, então simplesmente vai parecer que os outros "realmente" têm opiniões fortes. Em consequência, nosso pequeno grupo pode concluir, depois de uma discussão, que as intenções da China não merecem qualquer credibilidade.

Temos uma pista aqui sobre a enorme importância das redes sociais, na internet e na vida cotidiana, para a transmissão dos boatos e a criação de movimentos de vários tipos. No clássico estudo nos anos 1940, os psicólogos de Harvard Gordon W. Allport e Leo Postman descobriram que uma condição necessária para a circulação de boatos é que "indivíduos suscetíveis devem estar em contato uns com os outros".[45] Redes sociais podem funcionar como máquinas de polarização, porque ajudam a confirmar e, portanto, a amplificar, as opiniões iniciais das pessoas.[46] Considere o fato de que, em um campo militar durante a Segunda Guerra Mundial, "o boato de que todos os homens com mais de 35 anos seriam libertados viajou com a velocidade da luz – mas quase exclusivamente entre os homens acima daquela idade".[47]

Um exemplo muito mais sério é fornecido pelo terrorismo islâmico, o qual é abastecido por redes sociais espontâneas, nas quais pessoas de ideias afins espalham boatos e discutem seus descontentamentos, com resultados potencialmente violentos.[48] O especialista em terrorismo Marc Sageman escreve que, em certos estágios, "a interação entre 'um bando de caras' agia como uma câmara de ressonância, que progressivamente os radicalizou, a ponto de estarem prontos a se juntar coletivamente a uma organização terrorista. Agora o mesmo processo está ocorrendo on-line".[49] No exemplo de Sageman, o motor principal aqui não são os sites, mas listas de e-mail, blogs e fóruns de discussão, "que são essenciais no processo de radicalização".[50]

Esses são exemplos do mundo da política, no qual os boatos correm desenfreadamente, mas há muitos outros exemplos. Por que se gosta de alguns alimentos, ou diz-se que são especialmente saudáveis em alguns lugares, enquanto os mesmos alimentos não são apreciados, ou deles se diz que não são saudáveis, em outros? Como observam o psicólogo Joseph Heinrich e seus coautores: "Muitos alemães acreditam que beber água depois de comer cerejas mata; também acreditam que colocar gelo em refrigerantes não é saudável. Os ingleses, no entanto, gostam muito de beber um copo de água gelada depois de comer algumas cerejas; e os americanos adoram refrigerantes cheios de gelo."[51] Em alguns países, maiorias substanciais acreditam que terroristas árabes não foram responsáveis pelos ataques de 11 de setembro de 2001. De acordo com o Pew Research Institute, 93% dos americanos acreditam que terroristas árabes destruíram o Word Trade Center, enquanto somente 11% dos cidadãos do Kuwait acreditam que terroristas árabes foram responsáveis pela destruição do World Trade Center.[52]

Um último fator é que o cuidado das pessoas com a própria reputação pode aumentar o radicalismo, incluindo um envolvimento aparentemente forte com boatos falsos, destrutivos e cruéis. As pessoas desejam que os outros membros do grupo tenham delas uma opinião [percepção] favorável e também querem ter uma opinião favorável de si mesmas. Às vezes nossas opiniões decorrem, num grau maior ou menor, de como nos queremos apresentar. Evidentemente, algumas pessoas não se preocupam tanto com as aparências. Mas quando ouvimos as crenças alheias, muitos de nós simplesmente ajustamos as opiniões, pelo menos um pouco, na direção da opinião dominante, de modo a manter a imagem que se deseja passar ao grupo. Podemos refrear nossa discordância; podemos exprimir entusiasmo maior do que o que realmente sentimos pela opinião da maioria.

Algumas pessoas podem querer mostrar, por exemplo, que não são crédulas ou ingênuas a respeito das transgressões das autoridades, especialmente em um grupo cujos membros estão começando a acreditar em um boato sobre essas transgressões. Em um grupo assim, as pessoas moldam suas opiniões de modo a não parecer covardes ou cautelosas em excesso, em comparação com outros membros do grupo. E quando ficam sabendo o que as outras pessoas pensam, talvez descubram estar numa posição algo diferente em relação ao grupo do que esperavam. Elas mudarão de acordo com essa diferença. Isso pode ser porque desejam passar certa imagem para os outros. Ou porque desejam ter determinada autoimagem, e uma mudança se faz necessária para que elas se possam ver sob uma luz mais favorável.

Esse fenômeno tem um papel importante na aceitação e na transmissão dos boatos. Se você ouvir que uma autoridade pública tem parte em um esquema de corrupção, pode demonstrar sua indignação, não necessariamente porque esteja realmente indignado, mas para mostrar que compartilha das convicções das pessoas do grupo do qual você faz parte. Uma coisa estranha é que, algumas vezes, os membros de um grupo parecerão mostrar apoio inabalável a uma causa, ou uma firme crença em um suposto fato, mesmo que em privado quase todos tenham dúvidas sobre a causa ou o fato.

• • • •

Preconceitos

As análises, até o momento, parecem sugerir uma lição simples: os boatos se espalham através de cascatas informacionais e polarizações de grupo. Uma boa solução para isso pareceria igualmente simples. Para corrigir ideias errôneas, medidas devem ser adotadas para disponibilizar informações equilibradas às pessoas, e para substituir a falsidade pela verdade. Na internet, essa solução parece melhor do que nunca. Falsidades podem se espalhar pelo mundo em questão de segundos, mas verdades podem se espalhar com igual facilidade. Se há um boato de que uma grande empresa está prestes a falir ou de que certa autoridade tem um plano secreto para fazer algo terrível, aqueles que sabem a verdade podem responder imediatamente. Mas há um sério problema com essa solução. Os mesmos processos que criam as crenças falsas podem torná-las resistentes à correção. Vejamos a razão.

Não processamos as informações com neutralidade.[53] Por esse motivo, pode ser extremamente difícil corrigir as crenças falsas. Se temos certeza de que a Terra é plana, de que Darwin estava errado ou de que alienígenas pousaram em Roswell, Novo México, na década de 1940, não mudaremos de ideia de uma hora para outra. Às vezes, a exposição a informações equilibradas aumenta a fidelidade à nossa percepção original.[54] Ainda mais alarmante é a descoberta de que a correção de ideias falsas pode *aumentar* nossa fidelidade a elas.[55] As correções, portanto, podem ser contraproducentes. Se uma empresa tenta lutar contra um boato falso sobre as dificuldades que enfrenta, é possível que mais pessoas passem a acreditar no boato. E se uma pessoa – uma estrela de cinema ou o vizinho da casa ao lado – tenta combater um boato que circula pela internet, dizendo que traiu seu cônjuge ou sonegou impostos, talvez o resultado seja as pessoas acreditarem ainda mais no boato.

O trabalho inicial sobre essas questões envolvia opiniões sobre pena de morte e, especificamente, sobre se a pena de morte previne crimes violentos.[56] Pediu-se que algumas pessoas lessem diversos estudos, argumentando a favor e contra os efeitos dissuasórios da pena de morte. Elas também leram estudos que continham dados, análises e refutações. O que você acha que aconteceria depois que elas lessem todas essas informações? Você talvez preveja que, tendo sido expostos a argumentações e evidências favoráveis e contrárias, defensores e adversários da pena de morte se movam em direção ao centro. Talvez os adversários vissem que pessoas sensatas acreditam que a pena de morte de fato tem efeito dissuasório. Talvez os defensores percebessem que pessoas sensatas discordam. Você pode esperar que ambos os grupos aprendam com o outro lado – e, portanto, assumam uma posição mais moderada. Se for isso o que você acha, está errado.

A descoberta essencial foi que tanto os defensores quanto os adversários da pena de morte foram muito mais persuadidos pelos estudos que apoiavam suas crenças do que pelos que as desafiavam. E, após a leitura dos estudos do lado adversário, ambos os lados relataram que suas crenças se tornaram mais consolidadas do que antes. Em resumo, expor as pessoas a informações equilibradas produziu uma crença mais forte naquilo que pensavam antes – e também produziu aumento na polarização entre os defensores e os adversários da pena de morte.

É verdade que tanto os defensores quanto os adversários foram influenciados, pelo menos por um curto período, pela leitura de dados que contradiziam suas opiniões. Mas retornaram às suas posições originais ou a versões mais radicais delas após lerem as análises e as refutações. A conclusão é que, quando os defensores e os adversários da pena de morte são expostos às mesmas evidências equilibradas, a distância entre suas opiniões na verdade aumenta.

Esse fenômeno vem com um rótulo antipático: assimilação tendenciosa. A ideia básica é que as pessoas processam informações de modo que se encaixem em suas predileções. Esse fenômeno já foi encontrado em diversas áreas.[57] Veja, por exemplo, a questão de a orientação sexual ter ou não um componente genético e se casais do mesmo sexo podem ser bons pais. Confrontadas com as informações favoráveis e contrárias, o resultado é claro: as crenças preexistentes das pessoas saem fortalecidas, e a polarização na questão dos relacionamentos de mesmo sexo aumenta.

Quanto à difusão dos boatos, a lição é clara. Suponha que membros de um grupo social acreditem que o mercado de ações está prestes a desabar. Suponha que encontrem informações que corroborem esse boato e outras que o contradigam. É bem provável que eles então se sintam mais seguros em sua crença inicial. Na internet, um processo desse tipo ocorre diariamente, e aqueles que acreditam em boatos acabam acreditando neles mais ainda, depois de ouvir uma discussão equilibrada sobre sua veracidade. A conclusão, definitivamente, não é de que um equilíbrio de informações não possa ajudar, e não ajude, a corrigir um boato falso. É, na verdade, que nas circunstâncias específicas em que a assimilação tendenciosa está em ação, o equilíbrio informacional leva as pessoas a acreditarem mais intensamente em um boato, mesmo que seja falso. Tentarei, em poucas palavras, identificar essas circunstâncias.

• • • •

Correções Contraproducentes

Quando um boato falso está se espalhando, é claro, os que são prejudicados por ele não querem equilíbrio de informações. Eles querem que a falsidade seja corrigida. Em muitos casos, as correções realmente têm sucesso. Em 2008, por exemplo, a campanha de Obama pôs no ar um site chamado Fight the Smears (Combata as Difamações), no qual os boatos falsos eram identificados e desmascarados. Tudo aponta para a conclusão de que essa estratégia funcionou, em parte por ter criado uma espécie de "contraboato". Quando os boatos falsos sobre o senador Obama eram explicitamente enquadrados como "difamações", eles podiam ser, e eram, considerados não confiáveis exatamente por causa disso. Ouvindo boatos horríveis, as pessoas podiam categorizá-los como exemplos das "difamações".

Muitos outros sites listam os boatos da internet e separam os verdadeiros dos falsos. Não há dados sistematizados que atestem sua eficácia, mas é provável que muitas pessoas fiquem sabendo neles quais boatos são falsos. A visão otimista da internet insiste que a facilidade de transmitir boatos falsos pela rede é igualada pela facilidade de transmitir as correções.

Voltarei depois às condições sob as quais a visão otimista está certa, mas antes disso investiguemos uma descoberta importante: correções de impressões falsas podem ser inúteis; também podem, na verdade, fortalecer aquelas mesmas impressões.[58] Suponha que haja um boato falso, mas amplamente difundido, de que o senador Johnson aceitou um suborno. Suponha que os inimigos de Johnson acreditem nesse boato, enquanto seus admiradores o rejeitam. Agora suponha que a ideia equivocada seja corrigida por uma fonte jornalística de credibilidade. Os admiradores de Johnson alegremente tomarão a correção como tal, e verão o boato falso como infundado. Mas os inimigos de Johnson talvez não sejam nem um pouco influenciados. Na verdade, podem ficar ainda mais convencidos de que sua opinião inicial estava certa.

O experimento mais relevante que demonstra esse fenômeno foi conduzido em 2004. Liberais e conservadores foram convidados a participar de um exame de suas opiniões sobre a existência de armas de destruição em massa no Iraque. (Na verdade, sabemos agora que o experimento acertou na mosca, pois a posse dessas armas pelo Iraque foi realmente um tipo de boato e, ainda por cima, falso.) As pessoas leram a seguinte afirmação: o Iraque "possuía um programa ativo de armas de destruição em massa (ADM), a capacidade de fabricar essas armas e grandes estoques de ADM".[59] Pediu-se que revelassem suas opiniões de acordo com uma escala de cinco graus, de "concordo fortemente" até "discordo fortemente". Eles então tiveram acesso a uma notícia falsa, em que o presidente Bush defendia a guerra do Iraque, em parte pela sugestão (como ele realmente fez) de que havia "um risco, um risco real, de que Saddam Hussein fornecesse armas, ou materiais, ou informações a redes terroristas".[60] Após a leitura desse artigo, os participantes leram sobre o Duelfer Report, que mostrava que a administração Bush estava errada em pensar que o Iraque possuía armas de destruição em massa. Após a leitura de ambos os artigos, pediu-se novamente a eles que declarassem sua concordância, na escala de cinco graus, com a afirmação original.

Qual foi o efeito da correção feita pelo Duelfer Report da afirmação original – de que o Iraque tinha um programa ativo de ADM – sobre a crença das pessoas na afirmação do presidente

Bush, de que o Iraque poderia passar essas armas a terroristas? A resposta dependia da ideologia do participante. Os liberais se inclinaram para uma discordância ainda maior. (O desvio não foi estatisticamente significativo, porque a maioria dos participantes liberais já tendia a discordar fortemente da afirmação.) Mas para aqueles que se classificavam como conservadores, houve um desvio substancial na direção da *concordância* com a afirmação. Nas palavras das pessoas que conduziram o estudo: "A correção teve o efeito inverso do esperado – conservadores que receberam uma correção dizendo que o Iraque não possuía ADM ficavam mais propensos a acreditar que o Iraque possuía ADM."[61] Não só a correção falhou, como também teve um efeito polarizante: dividiu as pessoas mais claramente do que estavam divididas antes.

Um estudo independente confirmou o efeito geral. Pediu-se às pessoas que avaliassem a proposição de que cortar impostos é um modo tão eficiente de estimular o crescimento econômico que, na verdade, aumenta a arrecadação do governo. Pediu-se então que lessem uma correção ou do *The New York Times* ou da Foxnews.com. Quando o fizeram, a correção aumentou a certeza das pessoas sobre a proposição em questão. Frente a evidências de que o corte nos impostos não aumenta a arrecadação do governo, os conservadores acabaram com maior certeza nessa crença do que os conservadores que não leram uma correção.

Os liberais estão longe de ser imunes a esse efeito. Muitos liberais acreditam, erroneamente, que o presidente Bush impôs uma proibição às pesquisas com células-tronco. Frente a uma correção, do *The New York Times* ou da Foxnews.com, os liberais continuaram a acreditar no que acreditavam antes. Em contrapartida, os conservadores aceitaram a correção. Portanto, a correção gerou aumento na polarização entre os liberais e os conservadores. O que é significativo, mas não surpreendente, é que fez diferença para as pessoas se a correção vinha do *The New York Times* ou da Foxnews.com: os conservadores desconfiavam mais do primeiro, enquanto os liberais desconfiavam mais do segundo. Para os boatos, a credibilidade da fonte da correção tem grande importância – um ponto ao qual retornarei adiante.[62]

A conclusão mais geral é clara. Se um boato falso está circulando, os esforços para corrigi-lo podem não ajudar; podem ser inúteis e até mesmo prejudiciais. Quando uma cascata espalha uma informação falsa ou a polarização de grupo faz uma crença falsa se enraizar, aqueles que dizem a verdade de modo a combater o boato podem acabar trabalhando contra o próprio objetivo. É verdade que a ideia de um "mercado de ideias" não está exatamente em ruínas. Mas deve-se reconhecer que esse mercado, em particular, às vezes funciona mal.

• • • •

Sobre Convicções Prévias e Confiança

Como explicar essas descobertas? Quando é que um equilíbrio de informações realmente ajuda? Quando as correções funcionam?

Vimos que, quando as pessoas processam as informações, são influenciadas por suas emoções e preconceitos. Após comprar um carro novo, procuram mais informações sobre aquele mesmo carro. Tendo escolhido um Toyota Camry Hybrid, elas querem ler mais sobre aquele veículo em particular. A explicação mais óbvia não é que queiram saber mais sobre o carro que acabaram de comprar. É que buscam ter certeza de que tomaram a decisão certa.

A assimilação tendenciosa é em parte produzida por nosso desejo de reduzir a dissonância cognitiva.[63] Buscamos (e acreditamos em) informações que apreciamos obter, e evitamos e rejeitamos aquelas que consideramos inquietantes. Alguns boatos nos divertem; outros, não exatamente, mas são excitantes, talvez um pouco emocionantes, e as pessoas gostam de acreditar neles. Mesmo quando boatos geram indignação, podem gerar interesse por esse motivo; quando as pessoas estão com raiva do mundo, pode ser reconfortante, e até mesmo divertido, em certo sentido, pensar que há motivos específicos para a indignação. Outros boatos são inquietantes, e até mesmo um pouco assustadores, e as pessoas preferem pensar que sejam falsos.

Os estudos envolvendo pena de morte e relacionamento entre pessoas do mesmo sexo são mais bem compreendidos sob essa ótica. Quando as pessoas praticam a assimilação tendenciosa, fatores motivacionais geralmente estão em jogo. Se são motivadas a dar crédito a argumentos que se encaixam no que já pensam das coisas, e a descrer de argumentos que não se encaixam, as descobertas dos estudos não são tão surpreendentes. À luz disso, vejamos o que os cientistas sociais chamam de *disconfirmation bias*, o viés da refutação – a tendência que as pessoas têm de trabalhar com grande afinco para provar a falsidade dos argumentos que contradizem suas crenças iniciais. Se há motivações por trás de nossas opiniões, então é fácil ver por que o equilíbrio de informações pode servir apenas para aumentar o enraizamento de nossas crenças iniciais.

Mas isso é somente parte da história. Para ver o que está faltando, suponha que a sociedade consista em dois grupos de pessoas, as sensatas e as insensatas, e que membros de ambos os grupos tenham fortes crenças prévias. Suponha que os sensatos tenham um forte compromisso com certas opiniões – digamos, de que o Holocausto realmente ocorreu, de que a Al-Qaeda foi responsável pelos ataques 11 de setembro, de que o presidente não é um espião comunista. Suponha que os sensatos leiam dados favoráveis e contrários a esses três assuntos.

Para os sensatos, os dados que confirmam suas opiniões iniciais parecerão mais do que apenas convincentes; esses dados também fornecerão uma série de detalhes que, para a maior parte dos sensatos, reforçarão o que já pensavam. Por outro lado, os dados que contradisserem suas opiniões iniciais parecerão implausíveis, incoerentes, mal-intencionados e talvez um pouco absurdos. O resultado é que as convicções iniciais dos sensatos serão fortalecidas. Eles tomaram conhecimento de algo novo, que corrobora aquelas convicções, e não encontraram nada que as enfraqueça.

É claro que o padrão oposto será observado nos insensatos, que começam com as crenças de que o Holocausto não ocorreu, de que os Estados Unidos foram responsáveis pelos ataques de 11 de setembro e de que o presidente é um espião comunista. Para entender por que esse será o padrão dos insensatos, não precisamos falar sobre suas motivações. Podemos simplesmente apontar para os efeitos de suas crenças iniciais sobre como respondem a novas informações. Mesmo que os sensatos e os insensatos não tenham qualquer compromisso emocional com suas opiniões e estejam simplesmente interpretando o que aprendem à luz do que já sabem, processarão a informação de maneira tendenciosa.

Essa simples explicação ajuda a esclarecer por que e quando a assimilação tendenciosa acontece. As precondições são duas: fortes crenças antecedentes e confiança enviesada. Quando as crenças das pessoas são fracas e quando confiam em ambos os lados, aprendem com o que leem e ouvem. Suponha que você não tenha uma opinião forte sobre nanotecnologia, e que tenha ouvido que essa tecnologia traz graves perigos. Suponha também que alguém forneça informações sobre todos os aspectos da questão, sugerindo que a afirmação é falsa. Se seu ponto de partida não foi um compromisso com qualquer opinião específica, sua propensão inicial a acreditar na afirmação provavelmente enfraquecerá depois que tiver acesso às informações pró e contra. E se você confiar em ambas as fontes – a da afirmação, e a da sua refutação –, não rejeitará os defensores de qualquer opinião em particular, por serem enganosos ou tendenciosos. Em relação à maior parte dos boatos, a maioria das pessoas não tem crenças iniciais fortes, e não confia em um lado e desconfia do outro. Nessas situações, o mercado de ideias tende a funcionar bem, e as pessoas podem muito bem, ao fim, convergir em direção à verdade. As pessoas ouvem os pontos de vista adversários e formam suas opiniões de acordo com o que escutam.

Em contrapartida, os sensatos e os insensatos confiam em algumas pessoas, e desconfiam de outras. Quando leem dados que corroboram ambos os lados de uma questão, não é de surpreender que acabem aprendendo com o lado com o qual concordam, enquanto ignoram o outro.

Há uma importante lição geral aqui. Se você quer que as pessoas abandonem suas convicções iniciais, é melhor não apresentar a elas as opiniões de seus adversários habituais, mas sim as opiniões de pessoas com as quais têm grande identificação.[64] Suponha que você é republicano, e fica sabendo de um boato devastador sobre um dirigente democrata. Se os democratas negarem o boato, isso talvez não faça muita diferença para você, mas se os republicanos o negarem, é bem possível que você reconsidere. Não é de surpreender que, durante o julgamento de impeachment do presidente Bill Clinton, os que se opunham ao impeachment se esforçaram muito para encontrar republicanos importantes, no Congresso e nas faculdades de Direito, para que afirmassem sua oposição. (Curiosamente, eles tiveram pouco sucesso.) Nem surpreende o fato de que, na eleição de 2008, a campanha de Obama tenha feito excelente uso do endosso de republicanos importantes, como o de Colin Powell, ex-secretário de Estado de Bush, e o de Charles Fried, ex-procurador geral de Reagan. Um bom modo de silenciar um boato é demonstrar que aqueles que tenderiam a acreditar nele não acreditam.

Estamos agora prontos para compreender por que e quando as correções são contraproducentes. Suponha que os insensatos acreditem que o Holocausto não aconteceu, e que os Estados Unidos foram responsáveis pelos ataques de 11 de setembro. Após a leitura das correções, eles podem ter vários tipos de respostas céticas. Primeiro, a correção pode enfurecê-los e colocá-los na defensiva; se isso ocorrer, pode produzir dissonância, e assim fortalecer a convicção no que acreditavam inicialmente. Em segundo lugar, a própria existência da correção pode, para um insensato, tender a confirmar a verdade da crença inicial. Por que preocupar-se em corrigir uma afirmação, a menos que haja algo de verdadeiro nela? Talvez aqueles que se propõem a "corrigir" estejam protestando demais; seus protestos confirmam a verdade do que foi negado. Em terceiro lugar, a correção pode concentrar a atenção das pessoas na questão em debate, e o foco da atenção delas pode, por si mesmo, aumentar a convicção de uma opinião já existente.

É sabido que, quando pessoas têm acesso a informações que indicam que elas não têm razão para temer aquilo que antes pensavam ser um pequeno risco, seu medo muitas vezes aumenta.[65] Essa misteriosa descoberta se explica melhor pelo fato de que, quando a atenção das pessoas se concentra em um perigo, o medo delas cresce, mesmo que a causa de elas terem se focado naquele perigo específico tenha sido uma informação de que o perigo é, na verdade, muito pequeno. É assustador pensar em um perigo, mesmo que seja improvável que ele se torne realidade; as pessoas podem não se sentir tão reconfortadas por ouvir que têm (digamos) 1 chance em 100 de morrer em decorrência de um ataque cardíaco nos próximos cinco anos, ou que seu filho tem uma chance em mil de desenvolver leucemia. Talvez seja assim também com as correções de notícias falsas: ao concentrar a atenção das pessoas nessas notícias, elas podem intensificar a noção de que o que foi falsamente noticiado pode, de fato, ter ocorrido.

Agora, podemos identificar as circunstâncias em que as correções não são contraproducentes. Se os que ouvem o boato falso não têm motivos fortes para acreditar nele, se o conhecimento prévio sobre o assunto é pouco ou não existente, e se eles confiam em quem está apresentando a correção, então as correções dissiparão os boatos falsos.

Podemos ver também por que muitos boatos se dissipam rapidamente. Na eleição de 2008, os boatos maliciosos sobre Barack Obama desapareceram ou tiveram pouco impacto, porque a maioria dos que os ouviram não tinha convicções iniciais fortes, e confiava bastante naqueles que vieram a público para corrigi-los. Da mesma forma, podemos entender por que outros boatos se mostram persistentes. As pessoas têm fortes motivos para acreditar neles; suas convicções iniciais são firmes; as correções, portanto, acabam sendo inúteis. Em algumas comunidades, o boato de que médicos da raça branca disseminam Aids, ou de que os Estados Unidos foram responsáveis pelos ataques de 11 de setembro, têm grande adesão – e pode ser extremamente difícil destruí-los. Em outras comunidades, esses boatos são corrigidos com facilidade. O mesmo é verdadeiro para boatos que envolvem pessoas das esferas pública e privada – e para seus amigos pessoais e vizinhos da casa ao lado.

Tornou-se padrão distinguir entre os *boatos de temor,* que são impulsionados pelo medo, e os *boatos de desejo,* impulsionados pela esperança. Ambos têm diferentes relacionamentos com as convicções iniciais daqueles que acreditam neles e os espalham.[66] Muitas pessoas têm medo dos terroristas islâmicos; quando ouvem o boato de um ataque iminente, tendem a acreditar nele. Outras pessoas têm a esperança de que um investimento está prestes a gerar grande lucro, e tendem a acreditar em boatos nesse sentido. Seus medos e esperanças as levarão a acreditar em diferentes boatos. Para entender por que diferentes grupos acabam tendo crenças diferentes, é importante ver que o boato de temor de um grupo pode ser o boato de desejo de outro. E é claro que os propagadores que inventam boatos ou os espalham nos estágios iniciais estão muitas vezes inteiramente conscientes de como os públicos-alvo reagirão. De fato, suas decisões sobre se e como espalhar um boato – de temor ou desejo – provavelmente são produto da compreensão que têm de como as pessoas vão reagir. Uma peculiaridade interessante é que, para algumas pessoas, os boatos de temor também são, em certo sentido, boatos de desejo. Se você ouvir que um adversário político tem um plano secreto nefasto, ou que o senador de quem você menos gosta disse ou fez algo horripilante, também pode ficar satisfeito. A própria indignação pode ser agradável, se e porque confirma nossas crenças prévias.

Perceba, a esse respeito, que vigiar o que as pessoas dizem e fazem está cada vez mais fácil e, portanto, os propagadores têm acesso inédito ao que no passado eram informações privadas, ou pelo menos não eram públicas, e que podem ser distorcidas para formar um boato falso e prejudicial, contendo um cisco de verdade. Jones talvez tenha dito, numa hora que não era de suas melhores, que acredita que os homens são melhores cientistas do que as mulheres; ele não acredita realmente nisso, mas o disse, e talvez seu comentário idiota apareça na internet e ajude a definir Jones aos olhos do público. E se os propagadores souberem como as pessoas vão reagir, especialmente dentro de redes sociais específicas, terão maior capacidade de espalhar os boatos que desejam. Se as pessoas pertencentes àquelas redes sociais já passaram por momentos de medo e esperança, será simples utilizar esses medos e esperanças para espalhar supostos fatos e garantir que a crença naquelas alegações se torne uma espécie de fantasma, que paira sobre sua vítima, ou até mesmo que ela se torne profundamente enraizada.

Podemos agora entender melhor as circunstâncias que fazem as pessoas, os grupos e os países propensos a acreditarem em boatos falsos. Suponha que as motivações ou conhecimentos prévios das pessoas as levem a ser especialmente crédulas quanto a uma alegação específica. Se é assim, as falsidades podem se espalhar com rapidez e, quando obtiverem a aceitação geral, será difícil convencer as pessoas a abandonarem suas crenças. Há outro ponto que tem a ver com a relação entre as condições sociais e a difusão das informações. Quando as condições são ruins, os boatos, tanto os falsos quanto os verdadeiros, tendem a se espalhar como fogo em palha. Já se observou que os boatos prosperam "em situações caracterizadas pela inquietação social. Aqueles que sofrem tensões por um longo tempo – vítimas de bombardeios constantes, sobreviventes de uma longa epidemia, um povo subjugado que lida com uma ocupação militar, civis fatigados por uma longa guerra, prisioneiros em um campo de concentração, habitantes de bairros marcados por tensões raciais" tendem a acreditar em boatos, e a espalhá-los.[67]

Essas são situações nas quais as pessoas provavelmente são motivadas a acreditar em boatos falsos – e nas quais o conhecimento prévio fornece pouca proteção contra a aceitação deles. Mesmo quando a aflição severa não predomina, algumas pessoas se sentem furiosas, aflitas, amedrontadas ou indignadas; elas são especialmente suscetíveis aos propagadores. Também devemos perceber que, em uma sociedade heterogênea, alguns grupos podem sofrer tensões, ou tensões relativas, enquanto outros grupos não. Portanto, as condições serão propícias à aceitação de boatos para o primeiro, mas não ao segundo grupo.[68]

Um exemplo recente é a tragédia que ocorreu no Iraque em 2005. O medo, o estresse e a inquietação sociais daquela região assolada pela guerra criaram terreno fértil para os boatos falsos. Após a invasão americana, a maior quantidade de mortes em um único dia no Iraque foi causada não por uma bomba, mas por uma cascata informacional que envolvia um boato falso. Em 31 de agosto de 2005, difundiu-se amplamente o boato de que um ataque terrorista suicida estava prestes a acontecer na ponte al-Aiammah, que cruza o Rio Tigre, em Bagdá. O boato gerou pânico entre pessoas que caminhavam em uma procissão religiosa sobre a ponte; o pânico produziu um tumulto. A pressão gerada pela multidão fez os balaústres de ferro da ponte cederem, derrubando centenas de pessoas no rio. No total, cerca de mil pessoas morreram. Esse exemplo é apenas uma poderosa ilustração das possíveis consequências dos boatos, aqui na forma de uma cascata informacional, tanto de ideias quanto de atos.

• • • •

Emoções

Para explicar as cascatas e a polarização, podemos falar em termos puramente cognitivos. As pessoas tomam conhecimento das coisas umas com as outras, e se importam com sua reputação, e os propagadores podem ter sucesso somente por esses motivos. Mas vimos que as emoções das pessoas também importam, no sentido de que são motivadas a acreditar naqueles boatos que se encaixam nas crenças que já têm. É óbvio que é muito mais provável que um boato se espalhe se ele desperta e cativa as emoções das pessoas. Um informe puramente quantitativo, apontando o risco estatístico de câncer causado pelo arsênico na água potável de Utah, tem muito menos chances de atrair a atenção do que um relato dramático, com narrativas de mortes decorrentes de câncer causado pelo arsênico entre as crianças de Utah.

Nesse ponto, os estudos mais esclarecedores revelam que a emoção da repulsa ajuda a assegurar que os boatos se espalhem.[69] Chip Heath, psicólogo de Stanford, e seus coautores descobriram que os boatos são "selecionados e conservados no meio social em parte devido ao poder que têm de explorar emoções que são comuns entre os indivíduos".[70] Compare, por exemplo, estes dois casos: (a) Alguém abriu uma lata com o rótulo "atum", sentiu um cheiro esquisito e descobriu que era, na verdade, comida de gato. (b) Alguém abriu uma lata com o rótulo "atum", comeu e começou a sentir enjoo, e só então descobriu que era comida de gato. Ou compare esses dois: (a) Antes que Jones bebesse o refrigerante, percebeu que havia um rato morto dentro. (b) Jones engoliu algum caroço ao tomar o refrigerante, e então percebeu que havia pedaços de rato morto lá dentro. Em ambos os casos, (b) é obviamente mais repugnante do que (a). O que é importante é a descoberta de Heath e seus coautores, de que as pessoas declararam-se muito mais propensas a espalhar os boatos (b) do que os (a). Além disso, as lendas urbanas contemporâneas se espalham com muito mais facilidade na internet se nelas houver um elemento de repugnância. "Cada novo elemento de repugnância aumentava significativamente a probabilidade de que um site incluísse determinada lenda."[71]

Heath e seus coautores afirmaram que esse processo de "seleção emocional" ajuda a explicar o sucesso de alguns boatos e o fracasso de outros. Tome, por exemplo, os boatos envolvendo abuso de crianças em um ritual satânico, comportamento sexual aberrante, violência no trânsito e bactérias comedoras de carne. Em todos esses caos, é provável que as emoções sejam despertadas de uma maneira que aumenta o sucesso dos propagadores. No contexto dos ataques pessoais, os paralelos são evidentes. Quando os boatos despertam emoções fortes – repugnância, raiva, indignação –, as pessoas se tornam muito mais propensas a espalhá-los. Uma conclusão impressionante, explicitamente formulada por Heath, é a de que o mercado de ideias pode muito bem não funcionar; os boatos que sobrevivem à seleção emocional "podem nem sempre ser aqueles que são os mais verdadeiros".

• • • •

A Sociedade da Vigilância

Meu tópico são os boatos, dificilmente um assunto exíguo, mas os assuntos subjacentes são ainda mais amplos. A maioria das pessoas deseja preservar a esfera de privacidade, até mesmo de sigilo, e por motivos perfeitamente legítimos. Queremos ser protegidos não só dos boatos falsos, mas também da exposição de detalhes pessoais que são revelados para a família e os amigos próximos, e não para o mundo. Queremos nos garantir contra a divulgação de verdades constrangedoras e, quando essa divulgação ocorre, desejamos limitar seu alcance. Estabelecemos distinções entre diferentes indivíduos e diferentes grupos. Você pode contar a seu melhor amigo algo que não contaria a mais ninguém; pode restringir outras informações à sua família e aos amigos mais íntimos. As pessoas têm círculos de intimidade, e o que é revelado dentro de um círculo será escondido de outros. No que ainda é a primeira era da internet, nosso desejo de manter a privacidade passou a se deparar com sérias ameaças. Quando revelamos alguma coisa a um grupo pequeno ou mesmo a uma única pessoa, há o risco de que ela seja comunicada ao mundo todo. Está se tornando muito difícil manter nossos círculos de intimidade.

Podemos ter uma primeira ideia do problema examinando uma decisão da Suprema Corte, de mais de três décadas atrás.[72] Uma jovem mulher – chamemo-la Mary Tamson – foi estuprada. De acordo com a lei estadual, era crime divulgar o nome de uma vítima de estupro, a menos que a vítima permitisse essa divulgação. Mas os relatórios policiais não eram confidenciais e, então, os jornalistas puderam ir à delegacia de polícia, se informar sobre os casos de estupro e relatá-los, contanto que não publicassem o nome da vítima. Um jornal, contudo, publicou o nome de Tamson, desrespeitando a lei. O argumento do jornal foi que a Primeira Emenda da Constituição dos Estados Unidos o permitia fazê-lo.

A Suprema Corte concordou e, portanto, derrubou a lei estadual. Ela concluiu que, enquanto o governo não tomasse medidas firmes para assegurar a privacidade das informações, os jornalistas tinham o direito de transmitir aquelas informações para o mundo. Nas palavras da Corte, os governos não podem "impor sanções à publicação exata do nome de uma vítima de estupro obtido nos registros públicos – mais especificamente, nos registros judiciais que são mantidos em relação a um processo público, e que são, eles mesmos, abertos ao exame público".[73] A Corte não excluiu a possibilidade de que o Estado pudesse tornar confidenciais os casos de estupro, e impedir os jornalistas de ter acesso a quaisquer detalhes sobre a vítima. Mas a Corte deixou claro que, uma vez que o governo permitia que as informações fossem "públicas", não poderia proibir os membros da imprensa de colocar aquelas informações no jornal ou no rádio. Como declarou a Corte: "Os interesses da privacidade desaparecem quando a informação envolvida já consta dos registros públicos."

Quando foi originalmente proferida em 1975, a sentença da Corte pareceu anunciar um princípio geral com grandes implicações, no sentido de que as informações no registro público podem ser publicadas ou transmitidas para o mundo. Mas no século XXI, as implicações desse princípio são ainda muito maiores. A sentença parece sugerir que, se uma informação não foi selada, pode ser colocada em um site e feita instantaneamente, acessível a todos. Mas será esse princípio sensato para todos os casos? A resposta não é óbvia. No caso das vítimas de estupro, um governo sensato talvez acredite que uma séria questão de privacidade está envolvida e que, a menos que a vítima consinta, sua identidade não deve ser revelada ao mundo. Talvez caiba a ela tomar essa decisão, e não ao jornal. Talvez o governo não queira tomar a medida radical e alarmantemente antidemocrática de lacrar os arquivos dos processos criminais – mas também queira proteger o interesse legítimo da vítima de estupro pela própria privacidade, proibindo a publicação de seu nome. É verdade que a Primeira Emenda resguarda o direito à liberdade de expressão, e esse direito indubitavelmente inclui o direito de informar ao público os crimes violentos. Mas será claro também que esse direito inclua o direito de divulgar o nome das vítimas de estupro?

Qualquer que seja a resposta a essa difícil pergunta, a decisão da Corte indica um problema importante e insuficientemente compreendido da era moderna. Esse problema se expressa no surgimento de um novo tipo de sociedade da vigilância. Com isso, não me refiro aos grampos telefônicos autorizados ou à vigilância governamental (embora esses possam ser de fato problemas sérios). Minha intenção é apontar para o fato de que, seja qual for sua posição social, seus concidadãos estão aptos a monitorar grande parte do que você faz e grande parte do que é feito a você – e contar tudo ao mundo inteiro, em palavras, fotos ou até mesmo vídeos. Cada vez mais, suas tolices, seus constrangimentos, flertes, indignações e ofensas, no Facebook,* em um e-mail ou na vida cotidiana, estão sujeitos a registro e armazenamento (para sempre) – e, potencialmente, podem estar mal representados. Cedo ou tarde, esses momentos podem voltar para assombrá-lo, e talvez até prejudicá-lo seriamente.

E há outra peculiaridade. O problema não é simplesmente a facilidade com que é possível transmitir informações, mas também um novo poder para os maliciosos ou os mal-intencionados: fazer uso deliberado de todas as informações disponíveis ou apenas de uma parte delas, de modo a criar e estimular certa impressão. Hoje, virou brincadeira de criança apresentar uma transmissão seleta de informações complexas e manipular bocados isolados de informações, ou de vidas, ou de políticas, de modo a comunicar uma impressão enganosa ou destrutiva de

* *Nota do Tradutor*: O Facebook é uma rede social on-line tão popular nos Estados Unidos quanto o Orkut é no Brasil.

uma pessoa, instituição ou situação. Talvez um executivo de uma empresa tenha dito algo, uma vez, sobre a importância essencial de buscar o "lucro acima de tudo", em um discurso ou numa reunião da diretoria, e talvez essa declaração possa ser extraída do contexto, para sugerir uma busca inescrupulosa por dinheiro; mas talvez as opiniões reais do executivo sejam sensatas e moderadas, e talvez o fragmento dê uma impressão falsa da realidade. Ou quem sabe uma prefeita, ou candidata à Câmara dos Deputados, certa vez tenha expressado uma opinião – contra, digamos, a legislação do salário mínimo – que refletia algo que ela lera na época, mas que agora lhe parece incorreto. Talvez a declaração, destacada de seu contexto, possa dar uma impressão falsa de que ela é indiferente às pessoas pobres. Se uma cascata ocorrer, a declaração pode facilmente vir a defini-la aos olhos do público.

Em uma democracia representativa, em que a discussão franca sobre as autoridades públicas no cargo e sobre os que podem vir a ocupá-los é essencial, isso é um problema real. A internet está cheia de notícias sobre o que pessoas (supostamente) fizeram e disseram, e sobre suas (supostas) crenças e opiniões. Às vezes, essas notícias são ficções rematadas, sem base alguma – refletindo apenas o desejo do propagador de conseguir atenção ou promover ou derrotar uma pessoa ou causa. Às vezes, essas notícias não são exatamente falsas, porque se baseiam em um traço ou grão de verdade. Uma única vez, o senador Winston pode ter se enfurecido com um subalterno e se comportado inapropriadamente, e esse incidente pode ser usado para sugerir que o senador Winston tem um sério problema de controle do temperamento, ou até que é uma pessoa cruel. Tirando os incidentes dos respectivos contextos, os propagadores podem criar uma impressão tangivelmente incorreta, uma impressão que prejudica não só os indivíduos, mas também as instituições às quais eles talvez prestem serviços.

Porque nossa vida consiste em uma série interminável de frases e atos, seria uma pessoa extremamente incomum aquela que, na última década, não tivesse dito ou feito algo que, se extraído de contexto e transmitido ao mundo, parecesse no mínimo repreensível. Ao longo de nossa vida, é praticamente inevitável que todos nós tenhamos dito, ou venhamos a dizer certas coisas, ou nos comportado de maneira que pareça a alguns membros do público uma espécie de evidência incontestável de um crime – prova de um discernimento ruim ou de algum tipo de tendência maligna ou defeito de caráter. Talvez você tenha se embriagado e se comportado horrivelmente em uma festa, depois de haver apresentado um comportamento impecável em centenas de festas; quem sabe você não tenha feito uma escolha ofensiva em uma festa à fantasia, se vestindo de nazista (como realmente fez o príncipe Harry). Um dos grandes riscos da era dos blogueiros e do YouTube é que o que dizemos e fazemos pode não apenas ser registrado para sempre, mas também monitorado de perto, de modo que qualquer ato ou fala específicos, extraídos de contexto, possam parecer – ou possam ser manipulados para que pareçam – características pessoais, ou uma pista de algo sinistro e preocupante.

Para especificar, imagine um mundo, não muito diferente do que parece estar surgindo em nosso próprio mundo, no qual nossa vida é monitorada e filmada, não pelo governo, mas por tecnologias usadas por nossos iguais. Em um futuro não impossivelmente distante, a Google, ou outra coisa, pode ser capaz registrar cada momento de cada dia sobre o planeta, transmitir cada um deles ao vivo (talvez em um site que permita dar um "zoom" em qualquer parte) e armazenar todos esses momentos para a posteridade. É claro que esse registro traria sérios riscos à privacidade individual.[74] Mas a privacidade não é só o que preocupa. Um problema real, em qualquer mundo assim, é que um único incidente ou caso poderia obter destaque imenso. E, se for assim, os processos que descrevi podem ampliar consideravelmente esse destaque. Os efeitos cascata e a polarização podem fazer redes inteiras de pessoas ou até mesmo grandes populações ficarem sabendo de um incidente, e o tomarem como característico de uma vida toda ou de uma personalidade. Mas saber de um incidente específico, enganoso quando fora de contexto, dificilmente é uma descrição completa do perigo. Públicos grandes ou imensos podem ser manipulados de modo a acreditar em coisas que, sejam ou não literalmente falsas, não são exatamente verdadeiras.

Eu já disse que, para personalidades públicas e membros de instituições públicas, esse é um problema sério. É também um problema para a autonomia política, na medida em que os cidadãos obtêm compreensão falsa de seus líderes atuais e possíveis. Na medida em que a sociedade da informação gera desinformação, é preciso fazer escolhas sérias com base em falsidades.

Há um problema também para as pessoas comuns. Qualquer um de nós corre o risco dos danos advindos de uma publicidade não desejada, enganosa, injusta ou todas essas opções. O risco não é exatamente novo, mas com a ascensão da internet, tornou-se muito mais fácil prejudicar os outros e ser prejudicado. Amigos, empregadores e mesmo parentes podem muito bem achar ou receber uma única frase que você disse ou ato que cometeu, e por fim chegar a uma conclusão prejudicial a você. Aqui também aquela frase pode muito bem ser tomada como representativa de um todo. A internet diminuiu drasticamente as barreiras para os que praticam a vigilância e estão dispostos a causar esses danos.

O finado e não muito chorado Office of Independent Counsel nos oferece um modo de compreender essa questão. Após o escândalo Watergate, o Congresso decretou o Independent Counsel Act, que permitia ao procurador-geral nomear um promotor independente para investigar supostas ilicitudes de autoridades públicas. Embora inegavelmente bem-intencionado, o Independent Counsel Act acabou se mostrando um desastre completo – uma fórmula para distorções e injustiças. A razão é que, nos Estados Unidos, a maioria dos promotores dispõe de um orçamento limitado e de uma grande quantidade de alvos possíveis e, portanto, deve exercer a discricionariedade. Tendo de equilibrar uma série de fatores, eles não fazem acusações criminais em todos os casos. A discricionariedade do promotor, como é chamada, é de fato uma salvaguarda importante da liberdade. É claro que atos criminosos não são aceitáveis. Mas se cada ato criminoso resultasse em um processo criminal, uma quantidade demasiadamente grande de pessoas estaria contratando advogados e enfrentando penas de prisão. O Independent Counsel Act fracassou em grande parte porque o promotor independente tinha um único alvo e um orçamento efetivamente ilimitado. Em resumo, nos Estados Unidos, o promotor independente tinha incentivos demais para investigar, e então para investigar um pouco mais – e, se possível, remotamente possível, para iniciar processos penais.*

Examinemos a sociedade da vigilância sob essa ótica. O que preocupa não é que sua vida inteira possa ser examinada no YouTube. É que, quando partes de sua vida são expostas em segmentos de 60 segundos, há o sério risco de que um ou outro momento venha infligir sérios danos a você. Tendo em vista o que sabemos sobre a transmissão de boatos falsos, podemos ir um passo adiante. Um ato tolo ou aberrante, se amplamente difundido, pode obstruir o caminho daqueles que tentam fazer uma avaliação justa de seu caráter e de sua vida. Isso já é ruim o bastante. Mas e quanto àqueles que não querem fazer essa avaliação justa? E quanto àqueles

---

*_Nota da Editora_: No Brasil, os promotores são públicos – não há promotores independentes – e estão vinculados aos Ministérios Públicos estaduais e da União.

que têm uma razão efetiva para assegurar que não haja uma avaliação justa? Resumindo: E quanto aos propagadores mal-intencionados?

• • • •

Otimismo e Pessimismo

Na política democrática e no direito constitucional, a metáfora do "mercado de ideias" desempenha papel central. Se a liberdade de expressão é permitida, diz a reivindicação básica, um grande número de argumentos, interpretações e ideias circularão, e no final a verdade emergirá vitoriosa. É claro que podemos questionar a própria ideia de um "mercado" para ideias. Existem mercados para calçados, automóveis, carros e quartos de hotel, e a competição em cada um desses mercados de fato beneficia os consumidores, com os melhores produtos não raro sobrevivendo com os preços mais razoáveis. Mas em que sentido, exatamente, existe um mercado para as ideias? A resposta não é totalmente clara. Certamente, ele não opera da mesma maneira que o mercado de calçados. Não há um sistema de preços para pontos de vista; não há um sistema que agregue conhecimentos e valores diversos. Reconhecendo esse fato, podemos mesmo assim ser simpáticos à crença de que a verdade frequentemente prevalece, pelo menos no longo prazo, quando as pessoas têm acesso a um grande número de ideias e argumentos – sobre políticas, sobre ciência, sobre quem fez o quê. A perspectiva otimista – de que o mercado de ideias é essencialmente confiável – teve importante papel no Direito Constitucional do século XX.

Mas uma compreensão dos mecanismos da propagação dos boatos, particularmente os falsos, levanta dúvidas sobre essa perspectiva. Mesmo quando a competição entre ideias é robusta, más ideias e falsidades podem adquirir ampla aceitação. A segregação racial foi uma má ideia, mas sobreviveu por longo tempo, junto com alegações de fatos que supostamente a corroboravam; muitas pessoas aceitaram a prática e os supostos fatos, mesmo havendo um sistema de liberdade de expressão. Nos Estados Unidos, a discriminação sexual foi predominante pelo menos até os anos 1970, e era justificada com supostos fatos; tal discriminação estava dentro da lei, e era amplamente considerada legítima, apesar da fragilidade dos fatos alegados e da existência de um robusto mercado de ideias. Se incluirmos na equação os efeitos cascata a polarização de grupo e a assimilação tendenciosa, podemos ver que, mesmo para o julgamento dos fatos, as percepções equivocadas são altamente prováveis. Ao longo da história do país, muitos americanos acreditaram em boatos falsos de vários tipos diferentes. E porque a internet permite a transmissão de falsidades aparentemente verossímeis em questão de segundos, pode muito bem garantir que as percepções equivocadas, incluindo as altamente prejudiciais, aumentem com o tempo.

A respeito da aceitação dos boatos falsos, a perspectiva pessimista julga que muitos sigam uma regra simples: as pessoas geralmente não dizem coisas a menos que sejam verdadeiras ou, no mínimo, substancialmente verdadeiras. Se corre o boato de que algum estudante ou professor é culpado de atos terríveis, ou de que um candidato a um cargo público é corrupto, muitas pessoas vão pensar que o boato não teria nascido a menos que tivesse alguma base nos fatos. Muitas pessoas acreditam que sempre há fogo onde há fumaça. E mesmo que a maioria não seja tão crédula e não siga essa regra, a presença do boato pode deixar uma nuvem de suspeição, um tipo de sensação ou resíduo negativo que pode, em última análise, afetar nossas crenças, avaliações e comportamentos. As influências sociais que descrevi brevemente neste livro ajudam a explicar a base da visão pessimista: se as pessoas escutam umas às outras apenas seletivamente, e às vezes vivem em câmaras de ressonância, a aceitação generalizada de boatos falsos é inevitável.

Mas há duas razões para pensar que esse pessimismo talvez seja injustificado. A primeira é que, embora hoje seja mais fácil do que nunca espalhar boatos falsos, vimos que é igualmente fácil fornecer correções instantaneamente. Um político pode responder aos boatos falsos e, com essa resposta, chegar a uma grande quantidade de pessoas. Lembre-se do site da campanha de Obama, o Fight the Smears. Até mesmo uma pessoa comum, sem qualquer tipo de fama, tem a capacidade técnica de fazer o mesmo. Todos nós podemos lutar contra as difamações. É possível pensar que o mercado de ideias tende a funcionar especialmente bem na era moderna, precisamente por ser tão fácil chegar a tantas pessoas com tanta rapidez.

A segunda razão envolve as possíveis reações das pessoas à simples proliferação dos boatos, muitos dos quais são tangivelmente falsos. Com tanta falsidade e com tantos absurdos, talvez as pessoas gradualmente passem a desprezar e desconfiar do que leem e ouvem.[75] Certos golpes da internet eram muito mais eficientes 10 anos atrás do que são hoje. Quando você lê algo que diz que alguém ganhou $100 milhões na loteria, ou que uma pessoa no Quênia herdou $524 milhões e quer dividir esse montante, não está tão propenso a acreditar, mesmo que uma década atrás talvez pensasse por um segundo: "Quem sabe?" Talvez a cultura se mova em bloco na direção de maior ceticismo, especialmente quando a internet garante que os propagadores possam alcançar facilmente um grande público. Talvez a geração Facebook e seus sucessores tratem uma ampla gama de boatos, incluindo os negativos ou até mesmo os maldosos, com senso de humor ou bocejos.

Esses argumentos têm alguma força, e não é fácil mostrar sua falsidade; mas em minha opinião, é duvidoso que forneçam uma solução adequada para os problemas criados pelos boatos falsos. É verdade que é possível fazer correções imediatamente, mas quantas pessoas acreditam nessas correções? Muitas vezes, a verdade não consegue recuperar o terreno perdido para uma mentira. Não temos estudos confiáveis sobre isso, mas é duvidoso que as correções das falsidades, incluindo as difamatórias, sempre alcancem o público pretendido. Em um mundo com efeitos cascata, polarização de grupo e assimilação tendenciosa, desmentidos, para não falar das correções, às vezes se mostram ineficazes. Algumas pessoas pensarão: por que se dar ao trabalho de desmentir, se não é verdade? Como diz o slogan, "Nunca acredite em nada até que seja oficialmente desmentido". Já vimos que as correções podem ser contraproducentes. Simplesmente não há evidências suficientes para justificar a conclusão de que os boatos falsos que circulam na internet são adequadamente contra-atacados pela verdade.

A afirmação sobre o crescente ceticismo do público é mais intrigante. Muitos de nós aprendemos a não acreditar no que lemos em e-mails ou na internet, mesmo que talvez acreditássemos uma década atrás. Os que vivem em Estados autoritários tendem a não acreditar em seus líderes; os que vivem em Estados democráticos encaram os anúncios publicitários com um bom tanto de ceticismo. Certamente podemos imaginar um mundo, em algum ponto do futuro, no qual as pessoas seriam inteiramente céticas quanto aos boatos, principalmente os originados na internet. Talvez a ampla difusão das acusações falsas na internet e o anonimato ou a falta de confiabilidade de muitos propagadores levem as pessoas a concluir que uma acusação ou a alegação de um fato na internet é normalmente motivo para não acreditar, e sim para achar graça e desconfiar.

Não é óbvio que essa previsão esteja errada. De fato, parecemos estar passando por um período de transição cultural, em que muitos de nós recusamos certos tipos de boatos falsos sobre (por exemplo) estrelas de cinema e políticos. Mas desconfio que a previsão otimista subestima a tendência natural dos humanos de acreditar no que nos dizem, e também superestima a capacidade das pessoas de ajustar seu discernimento ao novo mundo da internet. Mesmo que os boatos falsos estejam por todo lado, tendemos a suspeitar de que alguns deles contêm um vislumbre da verdade, especialmente quando corroboram aquilo em que já acreditamos. É verdade que um grau maior de ceticismo é uma consequência provável em um mundo com tantas vozes nas quais não podemos confiar. Mas mesmo num mundo assim, os propagadores de boatos falsos terão muitos sucessos.

• • • •

O *Efeito Inibitório*

Dificilmente precisamos imaginar um mundo no qual pessoas e instituições serão prejudicadas pela difusão rápida de falsidades nocivas através da internet. Vivemos nesse mundo. O que pode ser feito para reduzir os danos?

Há muito tempo, a legislação vem tentando equilibrar o interesse pela reputação com o interesse pela liberdade de expressão. Quando advogados e juízes discutem esse equilíbrio, geralmente mencionam, e deploram, o "efeito inibitório", que é criado pela perspectiva de penalidades civis ou criminais por qualquer tipo de expressão.[76] Se temerem processos judiciais, os dedos-duros, experts, jornalistas e blogueiros podem preferir manter seus julgamentos e opiniões para si mesmos. Restrições severas contra a difamação, por exemplo, podem inibir a liberdade de expressão sobre personalidades e questões públicas, de um modo que poderia prejudicar gravemente o debate democrático. E até onde tivermos algo parecido com um mercado de ideias, devemos nos preocupar especialmente com o efeito inibitório, porque ele enfraquecerá os processos que, em última análise, produzem a verdade.

Sem dúvida, um efeito inibitório sobre as ideias livremente expressas pode ser extremamente danoso. E sem dúvida, é importante criar métodos para reduzir o risco desses danos. Uma sociedade livre precisa conceder um espaço de tolerância considerável para a expressão livre. Mas sejamos cuidadosos com a ênfase indevida no perigo subjacente. Primeiramente, deveríamos concordar que, ocasionalmente, o efeito inibitório é uma coisa muito boa. Ele serve para enfraquecer as falsidades danosas e destrutivas. É verdade que muitas falsidades são maneiras úteis de se chegar à verdade, no longo prazo. Mas alguns boatos falsos não são simplesmente nocivos, mas também completamente inúteis àqueles que buscam saber a verdade. Em segundo lugar, o mercado de ideias falha na medida em que as influências sociais e a assimilação tendenciosa garantem que os boatos falsos se espalhem e ganhem raízes. Uma sociedade sem qualquer efeito inibitório, imposto pelas normas sociais e pelas leis, seria um lugar excepcionalmente torpe. As sociedades não precisam da ausência de "inibições", mas sim de um nível apropriado delas. A questão é: Como alcançá-lo?

• • • •

Leis

O Direito Constitucional moderno oferece um caminho possível. Nos Estados Unidos, os princípios básicos são formulados em *New York Times Company v. Sullivan*, uma das decisões mais importantes da Suprema Corte americana.[77] Os fatos foram simples. No início da década de 1960, organizações de direitos civis publicaram um anúncio no *The New York Times* reclamando das reações brutais da polícia a protestos pelos direitos civis em Montgomery, Alabama. L. B. Sullivan, um comissário de Montgomery com autoridade sobre a polícia, ajuizou uma ação por difamação.

A Suprema Corte dos Estados Unidos determinou que, quando uma autoridade pública está envolvida, a Constituição permite indenização apenas se a pessoa tiver dolo. Esse padrão significa que os que falam ao público (incluindo jornalistas e blogueiros) podem ficar isentos do medo de uma ação por danos a menos que (a) de fato saibam que a afirmação é falsa ou (b) tenham agido "com indiferença temerária" em relação à questão da verdade ou falsidade. Segue-se que uma pessoa não pode ser responsabilizada se espalhou falsidades inocentemente e de boa-fé, ou mesmo se agiu insensatamente ao dizer o que disse, no sentido de que tinha motivos para saber que o que estava dizendo era falso.

Explicando sua conclusão, que protege amplamente a liberdade de expressão, a Corte enfatizou que o governo deve ter o cuidado de deixar espaço para a liberdade de expressão, mesmo ao tentar controlar as alegações falsas de fatos. Em suas palavras, "a afirmação errônea é inevitável no debate livre", e "deve ser protegida se quisermos dar à liberdade de expressão o 'espaço' de que 'precisa para sobreviver'".[78] Na interpretação da Corte, nem os "erros factuais" nem o "conteúdo difamatório" bastam para remover a proteção constitucional para "as críticas da conduta das autoridades públicas". Enfatizando que o princípio da liberdade de expressão tem raízes democráticas e protege amplamente o discurso relevante aos assuntos públicos, a Corte concluiu que devem ser impostos sérios limites constitucionais às indenizações por danos civis contra afirmações difamatórias, permitindo àqueles que foram difamados uma indenização apenas quando puderem comprovar "o dolo real".

Para autoridades públicas, a Corte americana proibiu duas abordagens. Disse que a "responsabilidade legal estrita", que significa responsabilidade sem má-fé, é constitucionalmente inaceitável no domínio da difamação de autoridades públicas. As pessoas não podem ser forçadas a pagar danos simplesmente porque se provou que os fatos que apresentaram eram falsos. A Corte também excluiu o padrão de negligência para o caso das autoridades públicas, embora esse padrão seja comum na maioria dos domínios do direito. Se você é ferido por seu cortador de grama e o fabricante foi negligente, no sentido de que não mostrou a prudência comum apropriada, pode receber indenização pelos danos sofridos. Mas de acordo com a decisão da Corte, o mesmo princípio não pode ser aplicado às difamações. Mesmo que uma autoridade pública tenha sido seriamente prejudicada, e mesmo que um jornal realmente devesse saber que publicou uma informação falsa, ele está livre da responsabilidade legal, desde que realmente não soubesse que a afirmação era falsa e contanto que não tenha sido "temerariamente indiferente" à questão da verdade ou falsidade.

Para compreender essa decisão judicial, é importante ver que há diferença real entre o negligente e a imprudência. Negligência significa não mostrar a cautela comum apropriada; imprudência significa um tipo de recusa deliberada de levar em conta as evidências. Muitos repórteres são negligentes; poucos são realmente imprudentes. Se uma autoridade pública pode ser indenizada por danos apenas quando houve imprudência, os jornalistas de todos os tipos poderão muitas vezes proceder com impunidade – o que quer que acabem dizendo, não importa quanto dano cause, e seja o que for que as evidências ao fim revelem.

Por envolver autoridades públicas, o caso *New York Times Company v. Sullivan* deixou em aberto alguns pontos importantes. E se um escritor difamar uma pessoa comum, alguém que não tem qualquer tipo de fama ou notoriedade? E se um jornal publicar alguma falsidade prejudicial sobre Joe Smith, acusando-o de corrupção, suborno, furto ou algum outro tipo de má conduta? De acordo com os consagrados princípios do Direito anglo-saxônico, Smith pode ser indenizado pelos danos, e sequer precisa provar que houve má-fé. Os próprios fatos da falsidade e dos danos bastam para dar a Smith o direito de ajuizar uma ação. A interpretação da Corte, em *New York Times Company v. Sullivan*, se concentrando na necessidade de "espaço" no contexto das "críticas à conduta das autoridades públicas", em si não levantou dúvidas sobre a capacidade de Smith para invocar os tribunais para proteger sua reputação.

Não obstante, a Corte por fim concluiu que o princípio da liberdade de expressão também impõe restrições ao processo por difamação de Smith. Em *Gertz v. Robert Welch, Inc.*, a Corte decidiu que os estados podiam obrigar as pessoas a pagar por difundir alegações de fatos difamatórias – mas apenas se fosse possível comprovar a negligência.[79] Isso significa que se alguém disse algo falso sobre você, não é suficiente que a afirmação seja falsa e que você tenha sido seriamente prejudicado. Você deve também mostrar que a pessoa não exerceu a prudência comum. Embora seja extremamente difícil provar o "dolo real", provar a negligência não é exatamente fácil. Suponha que um repórter ouça, de uma fonte aparentemente respeitável, que um advogado ou um banqueiro é corrupto ou que um professor de ensino médio teve envolvimento sexual com uma estudante. Suponha que a alegação seja falsa. Talvez o repórter possa ser considerado negligente, por não tomar as medidas necessárias para confirmar que sua fonte estava certa ou por não consultar outras fontes. Mas não será fácil para Smith demonstrar a negligência como matéria de Direito.

Para explicar sua polêmica conclusão no caso *Gertz*, a Corte afirmou que a liberdade de expressão "requer que deixemos espaço para alguma falsidade, de modo a proteger a expressão relevante".[80] A Corte argumentou que uma "defesa das declarações errôneas feitas de maneira honesta" é "essencial". O motivo é que "uma norma compelindo o crítico da conduta de autoridades públicas a garantir a veracidade de todas as suas asserções factuais – e fazer isso sob pena de uma quantidade praticamente ilimitada de processos por difamação – leva à... 'autocensura'". A proibição constitucional à responsabilização legal na ausência de má-fé e a exigência de que a negligência seja demonstrada operam como salvaguarda contra o autossilenciamento dos jornalistas. Resumindo, a Corte prosseguiu em sua iniciativa, iniciada em *New York Times v. Sullivan*, de tentar regular a extensão da "inibição" à liberdade de expressão.

Para admitir as conclusões da Corte, precisamos estabelecer algumas distinções. Algumas afirmações falsas são sobre autoridades públicas; outras sobre celebridades – estrelas de cinema, dançarinos ou cantores, cuja conexão com o domínio da autonomia política é obscura. Outras ainda envolvem não autoridades públicas, mas questões públicas – como, por exemplo, quando uma pessoa comum é acusada de tentar subornar um executivo importante do banco local. Outras ainda envolvem pessoas comuns cuidando de sua vida cotidiana.

Para os que recaem em cada uma dessas categorias, a lei é geralmente clara. Pessoas públicas não podem receber indenizações por difamação a menos que consigam comprovar dolo real; as celebridades são tratadas da mesma forma que as autoridades públicas. Questões públicas não recebem qualquer tipo de status especial; a questão volta-se para o status da pessoa que está processando. Pessoas comuns precisam comprovar a negligência.

Poderíamos imaginar uma sociedade em que essas normas representariam o equilíbrio mais sensato, com a imposição do tipo certo de efeito inibitório. Mas será esse mundo o nosso? Há pessoas sensatas que discordam. Tomemos aqueles envolvidos na vida pública: dado que o dolo real é tão difícil de comprovar, as pessoas boas estão sujeitas a grandes danos, e aqueles que os infligem não podem ser responsabilizados. O problema não é restrito àqueles que são prejudicados; ele se estende para a própria autonomia política, que sofre se seus cidadãos se veem impossibilitados de fazer escolhas justas. Tomemos agora os que estão no mundo do entretenimento: aqueles que decidiram atuar, cantar ou dançar correm maior risco de ser vítimas do ridículo público ou mesmo da crueldade do público, mesmo que não tenham qualquer papel na política. Agora voltemo-nos às pessoas comuns: não é fácil comprovar a negligência e, se alguém ou várias pessoas espalharem um boato prejudicial a seu respeito, será difícil conseguir responsabilizá-los. A questão da indenização é menos importante que a questão da dissuasão. Com a lei como é hoje, é simplesmente impossível desencorajar a maioria dos boatos falsos.

Será tudo isso uma situação ideal, ou mesmo aceitável, do ponto de vista do mercado de ideias? Será que realmente queremos permitir às pessoas a capacidade de espalhar falsidades levianas sobre as estrelas de cinema? É verdade que as pessoas famosas têm capacidade própria de alcançar grandes audiências, e assim corrigir os erros, mas entre muitos espectadores e leitores, a verdade não prevalecerá. Será tão importante assim abrir espaço para falsidades prejudiciais sobre os artistas? De qualquer modo, será tão óbvio assim que as pessoas comuns não possam processar quando tiverem sido prejudicadas por falsidades? Qualquer mercado requer padrões e princípios básicos; nenhum mercado pode operar sem regras. Não está claro que o atual sistema regulador da liberdade da expressão – a configuração vigente do efeito inibitório – é o que escolheríamos ou o que devemos escolher para a era da internet.

Não pretendo responder a essas perguntas aqui. Talvez seja tarde demais para sugerir uma reconsideração total dos princípios básicos. Mas está longe de ser tarde demais para adaptar aqueles princípios à situação moderna. Parte do que motivou a Suprema Corte foi a preocupação legítima com o efeito desencorajador da liberdade de expressão que seria causado se houvesse grandes indenizações por danos. Se a lei pudesse encontrar maneiras de proteger as pessoas das falsidades sem gerar a dissuasão exagerada dos processos judiciais dispendiosos, seria possível conciliar melhor os interesses conflitantes. Consideremos, então, três ideias modestas, concebidas para conectar melhor a compreensão da transmissão dos boatos com as exigências legais.

- Pode haver um direito geral de exigir retratação após a demonstração clara de que uma afirmação é falsa e também prejudicial. Se o jornal, ou órgão da mídia eletrônica, ou blogueiro se recusar a apresentar uma retratação pública e notória após um período razoável de tempo, pode ser sujeito pelo menos ao pagamento de uma indenização modesta.

- Particularmente na internet, as pessoas podem ter o direito de "notificar e retirar". Segundo essa abordagem, modelada nas disposições de copyright do Digital Millenium Copyright Act,* aqueles que administram

---

**Nota da Editora:* Lei dos Direitos Autorais do Milênio Digital – lei de direitos autorais nos Estados Unidos que criminaliza não só a infração do direito autoral em si, mas também a produção e a distribuição de tecnologia que evite medidas de proteção dos direitos de autor. Além disso, aumenta as penas por infrações de direitos autorais na Internet.

sites estariam obrigados a retirar as falsidades após notificação. É verdade que essa abordagem pode ser opressiva. É também verdade que, devido à natureza da internet, a abordagem "notificar e retirar" talvez não seja a solução completa. Quando um material é postado, pode continuar lá efetivamente para sempre. Mas se for retirado, não estará presente em tantos lugares, e pelo menos a vítima da falsidade poderá dizer que foi retirado.

- Limites e cronogramas para as indenizações poderiam ser muito úteis para a promoção dos valores da liberdade de expressão e, ao mesmo tempo, assegurar uma medida dissuasória. Suponha, por exemplo, que as indenizações por difamação fossem em geral limitadas a $15 mil, ou que se tomasse medidas para assegurar que indenizações altas não pudessem ser impostas a réus que não têm recursos para pagá-las. Afinal, jornalistas e comunicadores em geral também têm reputações a proteger. Se eles estiverem sujeitos à responsabilidade legal, e se for determinado que faltaram com a verdade, sua reputação sofrerá. Do ponto de vista do sistema de liberdade de expressão, o interesse dos comunicadores em sua reputação tem verdadeira importância, porque pode desencorajar as falsidades; do ponto de vista das garantias contra danos a indivíduos, é algo extremamente bom. Impor um limite às indenizações, junto com a responsabilidade de estabelecer o que é de fato verdade, poderia servir para alavancar o interesse dos propagadores pela própria reputação, gerando um bom efeito.

Antes de adotar qualquer uma dessas propostas, é claro, seria necessário empreender análises extensas. Eu as menciono não para oferecer um veredicto final, mas para esboçar algumas das muitas abordagens possíveis que podem proteger os direitos legítimos dos comunicadores e, ao mesmo tempo, oferecer salvaguarda não só àqueles cujas reputações podem ser prejudicadas por falsidades, mas também aos muitos outros que são prejudicados quando recebem informações equivocadas sobre pessoas, lugares e coisas.

• • • •

Privacidade

Alguns boatos não são falsos, mas violam a privacidade individual. Aqui, também, a Suprema Corte impôs restrições. *Time, Inc. v. Hill* consistia em um processo de James Hill, sua esposa e seus cinco filhos, que foram feitos prisioneiros em sua casa por três presidiários foragidos.[81] Uma peça de teatro foi feita com base nesse suplício, e a revista *Life* publicou um artigo sobre a peça. O artigo dizia que a família havia sido tratada com violência, o que não era verdade. Um júri concedeu à família $30 mil em indenização. A Suprema Corte reverteu a decisão. Ela disse que, em um caso envolvendo questões de interesse público, "sanções contra afirmações falsas inocentes ou negligentes gerariam um grave risco de desencorajar a imprensa de exercer suas garantias constitucionais. Essas garantias não são mais para o benefício da imprensa do que para o de todos nós". Assim, as penalidades podem ser aceitáveis "apenas se houver uma falsidade consciente ou temerária".

De fato, a decisão da Corte impõe sérios obstáculos àqueles que buscam impedir as invasões de privacidade, mas é importante ver que a Corte procedeu dentro de certos parâmetros, limitando suas decisões a um conjunto específico de fatos. Considere as seguintes situações, que parecem apresentar diferentes fatores:

- Suponha que um jornal ou um blogueiro pegue algum acontecimento pessoal no qual você esteve envolvido e o distorça seriamente, constrangendo e prejudicando você. Se a questão em si não for de interesse público, a decisão da Corte deixa aberta a possibilidade de que o jornal ou blogueiro que põe os acontecimentos de sua vida sob uma luz falsa possa ser responsabilizado por negligência, mesmo que não tenha havido má-fé. Nessas circunstâncias, a Corte não decidiu sobre se é permissível aos governos possibilitar a você processar em busca de indenização.

- A situação muda se você for uma personalidade pública. A Corte não se pronunciou diretamente sobre a questão da invasão de privacidade, mas para as personalidades públicas, e especialmente aquelas envolvidas no domínio da política, a Primeira Emenda impõe sérias restrições aos esforços de proteção da privacidade. A Justiça chega perto de dizer que as personalidades públicas essencialmente perdem a capacidade de se proteger contra a revelação de fatos privados.[82] Se um blogueiro ou jornal revelar alguma verdade constrangedora ou até mesmo humilhante sobre um governador ou um senador, a Constituição protege o direito deles de fazê-lo.

- Quando lidamos com a publicação de fatos privados sobre pessoas comuns, o princípio da liberdade de expressão ainda não é um obstáculo. Se um blogueiro ou um fotógrafo invade sua privacidade, revelando algo que é verdadeiro mas altamente pessoal, (ainda) não se compreende que a Constituição americana proíba os tribunais de conceder-lhe indenização. É verdade que é extremamente difícil controlar a internet, especialmente com tantos escritores anônimos, mas continua sendo possível que as pessoas processem quem revelar detalhes pessoais, pelo menos quando essas pessoas não são personalidades públicas.[83]

• • • •

Um Brevíssimo Comentário

De acordo com a seção 230 do Communications Decency Act,* aqueles que administram sites são isentos da responsabilidade por comentários feitos por terceiros, incluindo aqueles que são difamatórios. O Ato declara: "Nenhum provedor ou usuário de um serviço interativo de computadores deve ser tratado como o editor ou emissor de qualquer informação fornecida por outro provedor de conteúdo informativo." Essa disposição foi interpretada como significando que os provedores de serviços da internet não podem ser responsabilizados por infrações, incluindo difamação e invasão de privacidade, cometidas por seus usuários.[84]

No caso-chave, um Bulletin Board da America Online continha mensagem com um anúncio de venda de camisetas incluindo declarações extremamente ofensivas sobre o ataque terrorista de Oklahoma City. Kenneth Zeran, autor da ação, não havia postado a mensagem e, de fato, não tinha qualquer ligação com ela, mas o número de telefone dele foi postado. Ele

---

**Nota da Editora:* Legislação aplicável às comunicações nos Estados Unidos.

recebeu uma grande quantidade de telefonemas furiosos sobre sua suposta venda de camisetas, e repetidas vezes reclamou com a AOL, pedindo a remoção da associação dele a essa mensagem ofensiva. A AOL demorou para responder ao pedido de Zeran, e Zeran a processou. No trecho crucial, o tribunal responde que a seção 230 "claramente protege os provedores de serviços de computador [da]... responsabilidade legal por informações que se originam em terceiros".

Seja essa ou não a interpretação correta da seção 230, as implicações são claras: nos Estados Unidos, se o administrador de um site, incluindo os blogueiros, permite que materiais difamatórios sejam publicados e não os retiram, não corre o risco de ser responsabilizado legalmente. À luz do que sabemos sobre a transmissão de boatos falsos, as pessoas sensatas podem argumentar que essa regra não é correta. Sem dúvida, muitos provedores de serviços permitem que uma quantidade muito grande de pessoas publique textos, e pedir a eles que façam uma triagem daqueles escritos seria impor um fardo considerável. A consequência da responsabilidade legal – pelo menos se incluir indenizações significativas – pode ser uma restrição inaceitável à liberdade de expressão. Mas será tão óbvio assim que o "notificar e retirar" é errado? O que haveria de tão terrível em um requerimento de que as pessoas removessem materiais difamatórios depois que recebessem uma notificação de que é difamatório – contanto que elas não tenham motivo para acreditar que o material é correto ou ao menos que é apoiado por evidências?

Já gastei um tempo considerável com as regras jurídicas, e elas são inquestionavelmente importantes, mas no âmbito da transmissão de boatos, a cultura e as normas sociais provavelmente têm importância ainda maior. Tudo depende do que os propagadores fazem e de como são recebidos. Podemos facilmente imaginar um futuro distópico no qual os propagadores – por interesse próprio, altruísmo ou maldade – serão recompensados, economicamente ou de outra maneira, por espalhar boatos falsos e não mostrar qualquer preocupação com a verdade; no qual os efeitos cascata e a polarização garantam que incontáveis pessoas acreditem naquelas falsidades; e no qual a assimilação tendenciosa assegure que muitas crenças infundadas sejam invulneráveis à mudança. Num tal futuro, as crenças das pessoas são um produto das redes sociais funcionando como câmaras de ressonância, em que os boatos falsos se espalham como fogo em palha. Nesse futuro, as pessoas serão especialmente propensas a acreditar em alegações que se originam, ou pelo menos parecem se originar, dentro de seu grupo particular, e que se encaixam confortavelmente em seus próprios desejos, raivas, medos e inclinações, e ajudam a sustentá-los. Num futuro desse tipo, aqueles que vivem em diversas câmaras de ressonância acabam tendo crenças radicalmente diferentes. Num mundo tal, as pessoas estão inteiramente dispostas a acreditar em boatos que mostram os outros por uma ótica horrível, especialmente quando aqueles outros são adversários ou são facilmente vistos desse modo.

Por outro lado, poderíamos também imaginar um futuro no qual aqueles que espalham boatos falsos são categorizados como tais, desacreditados e marginalizados; em que os efeitos cascata são bloqueados por indivíduos ou grupos que estão atentos à natureza difusa dos boatos falsos e dispostos a pensar de forma independente; no qual a polarização de grupo é contida por uma ampla consciência social desse mesmo fenômeno; e no qual as pessoas, humildes e conscientes da própria capacidade de errar, são mais abertas à verdade, mesmo quando ela não reforça o que costumam pensar. Em tal futuro, as pessoas são perfeitamente alertas ao fato de que tanto para os mais quanto para os menos poderosos, os boatos falsos ameaçam fazer parte da vida cotidiana. É claro que eles dão atenção aos boatos, mas os veem com certo distanciamento e atitude crítica, vendo sua presença na internet como semelhante à presença deles em tabloides sensacionalistas. Em tal futuro, as pessoas abordam os boatos com ceticismo, mesmo quando são reconfortantes e se encaixam em seus preconceitos e predileções.

É a nós que cabe a escolha entre esses dois futuros.

• • • •

Uma Breve Recapitulação

Pessoas sensatas acreditam em boatos, quer sejam verdadeiros, quer não. Na internet, os propagadores que agem por interesse próprio ou por altruísmo se deparam com a facilidade cada vez maior de espalhar boatos sobre pessoas e instituições importantes. Esses boatos colocam em dúvida a honestidade, a decência, a integridade, o patriotismo e às vezes até mesmo a sanidade de seus alvos; com frequência, retratam as personalidades públicas como fundamentalmente insensatas ou corruptas. Aqueles que não estão na esfera pública são igualmente vulneráveis. Em questão de segundos, é fácil retratar praticamente qualquer um como culpado de tolice ou de algum ato ilícito e, nesse sentido, prejudicar sua reputação seriamente. A internet permite que informações nocivas sejam apresentadas ao mundo em um instante, e também permite a qualquer um descobrir aquela informação em um instante.

O sucesso ou fracasso dos boatos depende em grande parte das convicções prévias das pessoas. Muitos de nós estão predispostos a acreditar em certas afirmações nocivas sobre autoridades públicas ou instituições importantes. Aceitar a verdade dessas afirmações pode proporcionar uma espécie de alívio emocional ou reforçar nossas inclinações prévias, e nesse sentido reduzir a dissonância ou, de algum outro modo, se amoldar a nossos desejos. Outros, que têm uma disposição favorável para com aquelas pessoas e instituições, estão predispostos a rejeitar as mesmas afirmações simplesmente porque geram desconforto ou dissonância.

Esse ponto sobre motivações é complementado por outro, sobre a cognição. Quando começamos com uma opinião inicial, isso se deve ao que sabemos. Se um boato se encaixa bem naquilo em que já acreditamos, temos bom motivos para concluir que é verdadeiro. Se o boato é muito inconsistente com nosso conhecimento preexistente, temos alguns motivos para não dar crédito a ele. Diferentes grupos e pessoas terão diferentes limites para a aceitação de boatos que se ajustam mal com seus conhecimentos prévios; elas aceitarão essas crenças dissonantes, mas só depois de lhe darem razões muito boas para fazê-lo. Uma razão inclui as crenças compartilhadas de outras pessoas, especialmente se há confiança nelas, ou se são muitas, ou as duas coisas ao mesmo tempo. Como as pessoas partem de opiniões diferentes e têm diferentes limites para modificá-las, podemos encontrar compromissos estáveis com certas crenças dentro de alguns grupos de pessoas sensatas, em meio a compromissos estáveis com crenças fortemente antagônicas em outros grupos de pessoas igualmente sensatas. Algumas dessas crenças serão infundadas, não obstante o arraigado apoio de que gozam.

A transmissão de boatos frequentemente ocorre como um resultado de efeitos cascata e da polarização de grupo. Na verdade, os boatos se espalham à maneira de um exemplo clássico de cascata informacional: pessoas com informações imprecisas ou completamente desinformadas acreditam em um boato que ouvem de outras, e à medida que mais e mais pessoas vão passando a crer naquele boato, o sinal informacional se torna mais intenso, e é difícil para o resto de nós resistir a ele, mesmo quando é falso. Algumas vezes, as cascatas de conformidade também estão envolvidas, quando as pessoas parecem acreditar nos boatos não porque de fato acreditem neles, mas para bajular os outros. Em comunidades firmemente integradas, os boatos falsos podem se tornar profundamente enraizados, acima de tudo porque as pessoas não querem enfrentar sanções sociais. A polarização de grupo também tem um papel importante, quando as pessoas fortalecem seu compromisso com um boato simplesmente por causa de conversas com pessoas de ideias afins. Quando os empregadores acreditam em algo sobre um empregado, ou professores sobre um estudante, ou estudantes sobre um professor, ou eleitores sobre uma autoridade pública, a polarização de grupo normalmente está em ação.

É tentador, a partir desse ponto de vista, pensar que um equilíbrio de informações e correções inequívocas possa contrabalançar boatos falsos. Essa ideia plausível deve ser encarada com uma boa dose de ceticismo. Se as pessoas estão fortemente compromissadas com um boato, e se não confiam naqueles que o negam, podem não ser muito afetadas pela negativa. O fenômeno da assimilação tendenciosa significa que um debate razoável pode fortalecer uma opinião irracional e aumentar a polarização. Mais impressionante ainda: as correções podem acabar sendo contraproducentes, no sentido de que podem fortalecer a crença das pessoas na percepção falsa – talvez porque elas agitem as emoções, talvez porque concentrem a atenção das pessoas na falsidade. Aqui também, convicções prévias fortes e uma confiança enviesada são cruciais. Quando as pessoas começam acreditando em um boato e não confiam naqueles que tentam destruí-lo, as correções não são tão úteis. Se elas forem oferecidas, o mensageiro deve ser alguém tido como especialmente confiável por aqueles que acreditam no boato.

É tentador pensar que, na era moderna, a facilidade de refutar as falsidades, e nosso crescente ceticismo em relação às fontes de notícias formais e informais, funcionarão como uma defesa contra a aceitação de boatos falsos. Até hoje, não há evidências empíricas, mas esse pensamento esperançoso é provavelmente otimista demais. É verdade que o risco de um efeito inibitório deve ser levado a sério. É verdade também que, na internet, você pode tentar corrigir um boato falso em um instante. Mas mesmo na era da internet, o mercado de ideias pode não conseguir produzir a verdade; os mecanismos sociais examinados aqui asseguram que qualquer mercado leve as pessoas a acreditar em falsidades destrutivas. Em casos extremos, essas falsidades podem criar desdém, medo, ódio e até mesmo violência. Algum tipo de efeito inibitório sobre os boatos nocivos é sumamente importante – não só para proteger as pessoas de negligência, crueldade e dos danos injustificados à sua reputação, mas também para assegurar o funcionamento correto da própria democracia.

Notas

1. Ver Cass R. Sunstein e Adrian Vermeule, "Conspiracy Theories: Causes and Cures", *Journal of Political Philosophy* 17 (2008):202–27, do qual tomei emprestado esse parágrafo.
2. Ver Mark Lane, *Plausible Denial: Was the CIA Involved in the Assassination of JFK?* (Nova York: Thunder's Mouth Press, 1991) (defendendo a teoria de que a CIA estava envolvida no assassinato de JFK); Alan Cantwell, *AIDS and the Doctors of Death: An Inquiry into the Origins of the AIDS Epidemic* (Los Angeles: Aries Rising Press, 1988) (sugerindo que a AIDS foi produto de um programa de guerra biológica, tendo como alvo os homossexuais); Don Phillips, "Missile Theory Haunts TWA Investigation; Despite Lack of Evidence and Officials' Denials,

Some Insist Friendly Fire Caused Crash", *The Washington Post*, 14 de março de 1997, A3; as declarações do senador James Inhofe ("With all the hysteria, all the fear, all the phony science, could it be that manmade global warming is the greatest hoax ever perpetrated on the American people? I believe it is". ["Com toda a histeria, todo o medo, toda a pseudociência, seria o aquecimento global causado pelo homem a maior farsa já impingida ao povo americano? Acredito que sim"]), 149 *Cong. Rec.* S10022 (28 de julho de 2003); David Mills, "Beware the Trilateral Commission! The Influential World Panel Conspiracy Theorists Love to Hate", *The Washington Post*, 25 de abril de 1992, H1 (descrevendo várias teorias conspiratórias sobre a Comissão Trilateral); Kevin Diaz, "Findings Don't Slow Conspiracy Theories on Wellstone Crash", *Star Tribune* (Minneapolis), 3 de junho de 2003, A1; Patty Reinert, "Apollo Shrugged: Hoax Theories About Moon Landings Persist", *Houston Chronicle*, 17 de novembro de 2002, A1.

3. Ver, por exemplo, James Fetzer, *The 9/11 Conspiracy* (Chicago: Catfeet Press, 2007), e Mathias Broeckers, *Conspiracies, Conspiracy Theories, and the Secrets of 9/11* (Joshua Tree, Calif.: Progressive Press, 2006). O

segundo livro vendeu mais de 100 mil exemplares na Alemanha.

4. Cass R. Sunstein, *Why Groups Go to Extremes* (Nova York: Oxford University Press, 2009).
5. *Abrams v. United States*, 250 U.S. 616, 630 (1919) (J. Holmes, contendor).
6. Gordon Allport e Leo Postman, *The Psychology of Rumor* (Nova York: Henry Holt, 1947), 503.
7. Leon Festinger, *A Theory of Cognitive Dissonance* (Evanston, Ill.: Row, Peterson, 1957).
8. Timur Kuran, *Private Truths, Public Lies* (Cambridge, Mass.: Harvard University Press, 1998); Marc Granovetter, "Threshold Models of Collective Behavior", *American Journal of Sociology* 83 (1978): 1420.
9. Recorro aqui a David Hirshleifer, "The Blind Leading the Blind: Social Influence, Fads, and Informational Cascades", em *The New Economics of Human Behavior*, edição de Mariano Tommasi e Kathryn Ierulli (Cambridge, Mass.: Cambridge University Press, 1995), 188, 193–95, e da discussão em Cass R. Sunstein, *Why Societies Need Dissent* (Cambridge, Mass.: Harvard University Press, 2003), 55–73.

10. John F. Burnham, "Medical Practice à la Mode: How Medical Fashions Determine Medical Care", *The New England Journal of Medicine* 317 (1987): 1220, 1201.
11. Hirshleifer, "Blind Leading the Blind", 204.
12. Sushil Bikhchandani et al., "Learning from the Behavior of Others: Conformity, Fads, and Informational Cascades", *The Journal of Economic Perspectives* 12 (1998): 151, 167. Sobre as cascatas no YouTube, ver Clarice Sim e W. Wayne Fu, "Riding the 'Hits' Wave: Informational Cascades in Viewership of Online Videos" (original não publicado, 2008), disponível em www.isu.uzh.ch/entrepreneurship/workshop/fu.pdf.
13. Para várias ilustrações, ver Terry Ann Knopf, *Rumors, Race, and Riots* (Nova York: Transaction, 2006).
14. Matthew J. Salganik et al., "Experimental Study of Inequality and Unpredictability in an Artificial Cultural Market", *Science* 311 (2006): 854–56.
15. Ibid.
16. Matthew J. Salganik et al., "Leading the Herd Astray: An Experimental Study of Self-Fulfilling Prophecies in an Artificial Cultural Market", *Social Psychology Quarterly* (no prelo).

17. Fabio Lorenzi-Cioldi e Alain Clémence, "Group Processes and the Construction of Social Representations", em *Blackwell Handbook of Group Psychology: Group Processes*, edição de Michael A. Hogg e R. Scott Tindale (Oxford: Blackwell Publishing, 2001), 311, 315–17.
18. Ver o panorama em Solomon Asch, "Opinions and Social Pressure", em *Readings About the Social Animal*, edição de Elliott Aronson (Nova York: W. H. Freeman, 1995), 13.
19. Solomon Asch, *Social Psychology* (Oxford: Oxford University Press, 1952), 453.
20. Asch, "Opinions and Social Pressure", 13.
21. Ibid., 16.
22. Ibid.
23. Aronson, *Readings About the Social Animal*, 23–24.
24. Robert Baron e Norbert Kerr, *Group Process, Group Decision, Group Action* (Pacific Grove, Calif.: Brooks/Cole, 1992), 66.
25. Kuran, *Private Truths, Public Lies*.
26. Allport e Postman, *Psychology of Rumor*, 35.
27. Reid Hastie, David Schkade e Cass R. Sunstein, "What Really Happened on Deliberation Day", *California Law Review* 95 (2007): 915–40.

28. Roger Brown, *Social Psychology*, 2ª ed. (Nova York: Free Press, 1986).

29. J. A. F. Stoner, "A Comparison of Individual and Group Decision Involving Risk" (dissertação de mestrado não publicada, Massachusetts Institute of Technology, 1961).

30. Lawrence Hong, "Risky Shift and Cautious Shift: Some Direct Evidence on the Culture Value Theory", *Social Psychology* 41 (1978): 342.

31. Ibid.

32. Serge Moscovici e Marisa Zavalloni, "The Group as a Polarizer of Attitudes", *Journal of Personality and Social Psychology* 12 (1969): 125–35.

33. Ibid.; Brown, *Social Psychology*, 210–12.

34. Ver Hong, nota 30.

35. John C. Turner et al., *Rediscovering the Social Group: A Self-Categorization Theory* (Nova York: Blackwell, 1987), 142–70.

36. Ibid., 153.

37. Ibid.

38. Paul Cromwell et al., "Group Effects on Decision-Making by Burglars", *Psychological Reports* 69 (1991): 579, 586.

39. Norris Johnson et al., "Crowd Behavior as 'Risky Shift': A Laboratory Experiment", *Sociometry* 40 (1977): 183.
40. Ibid., 186.
41. E. Allan Lind et al., "The Social Construction of Injustice: Fairness Judgments in Response to Own and Others' Unfair Treatment by Authorities", *Organizational Behavior and Human Decision Processes* 75 (1998): 1.
42. Robert Baron et al., "Social Corroboration and Opinion Extremity", *Journal of Experimental Social Psychology* 32 (1996): 537.
43. Mark Kelman et al., "Context-Dependence in Legal Decision Making", *Journal of Legal Studies* 25 (1996): 287–88.
44. Baron et al., "Social Corroboration and Opinion Extremity", 537.
45. Allport e Postman, *Psychology of Rumor,* 182.
46. Tolga Koker e Carlos Yordan, "Microfoundations of Terrorism: Exit, Sincere Voice, and Self-Subversion in Terrorist Networks" (original não publicado, 2009), disponível em http://papers.ssrn.com/sol3/papers.cfm? abstract_id=1286944.
47. Allport e Postman, *Psychology of Rumor,* 182.
48. Marc Sageman, *Leaderless Jihad* (Filadélfia: University of Pennsylvania Press, 2008).

49. Ibid, 116.
50. Ibid.
51. Ver Joseph Henrich et al., "Group Report: What Is the Role of Culture in Bounded Rationality?" em *Bounded Rationality*: The Adaptive Toolbox, edição de Gerd Gigerenzer e Reinhard Selten (Cambridge, Mass.: MIT Press, 2001), 353–54, para um esboço divertido sobre a escolha de alimentos.
52. Edward Glaeser, "Psychology and Paternalism", *University of Chicago Law Review* 73 (2006): 133.
53. No contexto dos boatos, esse ponto é investigado, iluminadoramente, na abordagem clássica de Allport e Postman, *Psychology of Rumor*, 105–15.
54. Ver, por exemplo, Lee Ross et al., "Perseverance in Self-Perception and Social Perception: Biased Attributional Processes in the Debriefing Paradigm", *Journal of Personality and Social Psychology* 32 (1975): 880, e Dan Kahan et al., "Biased Assimilation, Polarization, and Cultural Credibility: An Experimental Study of Nanotechnology Risk Perceptions" (original não publicado, 2008), disponível em http://papers.ssrn.com/sol3/papers .cfm?abstract_id=1090044.

55. Brendan Nyhan e Jason Reifler, "When Corrections Fail: The Persistence of Political Misperceptions" (original não publicado, 2008) (disponibilizado pelos autores).
56. Ross et al., "Perseverance in Self-Perception and Social Perception".
57. Charles Taber et al., "The Motivated Processing of Political Arguments", (original não publicado, 2008), disponível em http://papers.ssrn.com/sol3/papers.cfm?abstract_id=1274028.
58. Nyhan e Reifler, "When Corrections Fail".
59. Ibid., 13.
60. Ibid., 12.
61. Ibid., 14.
62. Carl I. Hovland e Walter Weiss, "The Influence of Source Credibility on Communication Effectiveness", *Public Opinion Quarterly* 15 (1951–52): 635–50.
63. Festinger, *Theory of Cognitive Dissonance.*
64. Kahan et al., "Biased Assimilation, Polarization, and Cultural Credibility".
65. Cass R. Sunstein, *Laws of Fear* (Nova York: Cambridge University Press, 2006).
66. Prashant Bordia e Nicholas DeFonzo, "Problem Solving in Social Interactions on the Internet: Rumor as Social

Cognition", *Social Psychology Quarterly* 67 (2004): 33; ver, para uma abordagem mais geral, Nicholas DeFonzo e Praschant Bordia, *Rumor Psychology* (Washington: American Psychological Association, 2006).

67. Tamotsu Shibutani, *Improvised News: A Sociological Study of Rumor* (Indianápolis: Bobbs-Merrill, 1966), 46.
68. Knopf, *Rumors, Race, and Riots*.
69. Chip Heath et al., "Emotional Selection in Memes: The Case of Urban Legends", *Journal of Personality and Social Psychology* 81 (2001): 1028.
70. Ibid., 1032.
71. Ibid., 1038–39.
72. *Cox Broadcasting Corp v. Cohn*, 420 US 469 (1975).
73. Ibid.
74. Daniel Solove, *The Future of Reputation: Gossip, Rumor, and Privacy on the Internet* (Nova York: Oxford University Press, 2008).
75. Sou grato a Larry Lessing, por me apresentar esse ponto.
76. Para um catálogo, ver www.chillingeffects.org.
77. *New York Times Company v. Sullivan*, 376 US 254 (1964).
78. Ibid.

79. *Gertz v. Robert Welch, Inc.*, 418 US 323 (1974).
80. Ibid.
81. *Time, Inc. v. Hill*, 385 US 374 (1967).
82. Cf. *Hustler Magazine v. Falwell*, 485 US 46 (1985).
83. Para uma discussão valiosa e polêmica, ver Eugene Volokh, "Freedom of Speech, Information Privacy, and the Troubling Implications of the Right to Stop People from Speaking About You", *Stanford Law Review* 52 (2000): 1049.
84. *Zeran v. America Online, Inc.*, 129 F. 3d 327 (4th Cir. 1997).

Acreditamos que sua resposta nos ajuda a aperfeiçoar continuamente nosso trabalho para atendê-lo(la) melhor e aos outros leitores. Por favor, preencha o formulário abaixo e envie pelos correios. Agradecemos sua colaboração.

Seu Nome: ______________________________

Sexo: ☐ Feminino ☐ Masculino CPF: ______________

Endereço: ______________________________

E-mail: ______________________________

Curso ou Profissão: ______________________________

Ano/Período em que estuda: ______________________________

Livro adquirido e autor: ______________________________

Como ficou conhecendo este livro?

☐ Mala direta
☐ E-mail da Elsevier
☐ Recomendação de amigo
☐ Anúncio (onde?) ______________
☐ Recomendação de seu professor?
☐ Site (qual?) ______________
☐ Resenha jornal ou revista
☐ Evento (qual?) ______________
☐ Outro (qual?) ______________

Onde costuma comprar livros?

☐ Internet (qual site?) ______________________________
☐ Livrarias ☐ Feiras e eventos ☐ Mala direta

☐ Quero receber informações e ofertas especiais sobre livros da Elsevier e Parceiros

ELSEVIER

SAC ELSEVIER | 0800 026 53 40 sac@elsevier.com.br

Cartão Resposta
050120048-7/2003-DR/RJ
Elsevier Editora Ltda
CORREIOS

CARTÃO RESPOSTA

Não é necessário selar

O SELO SERÁ PAGO POR

Elsevier Editora Ltda

20299-999 - Rio de Janeiro - RJ

Qual(is) o(s) conteúdo(s) de seu interesse?

Jurídico - ☐ Livros Profissionais ☐ Livros Universitários ☐ OAB ☐ Teoria Geral e Filosofia do Direito

Educação & Referência - ☐ Comportamento ☐ Desenvolvimento Sustentável ☐ Dicionários e Enciclopédias ☐ Divulgação Científica ☐ Educação Familiar ☐ Finanças Pessoais ☐ Idiomas ☐ Interesse Geral ☐ Motivação ☐ Qualidade de Vida ☐ Sociedade e Política

Negócios - ☐ Administração/Gestão Empresarial ☐ Biografias ☐ Carreira e Liderança Empresariais ☐ E-Business ☐ Estratégia ☐ Light Business ☐ Marketing/Vendas ☐ RH/Gestão de Pessoas ☐ Tecnologia

Concursos - ☐ Administração Pública e Orçamento ☐ Ciências ☐ Contabilidade ☐ Dicas e Técnicas de Estudo ☐ Informática ☐ Jurídico Exatas ☐ Língua Estrangeira ☐ Língua Portuguesa ☐ Outros

Universitário - ☐ Administração ☐ Ciências Políticas ☐ Computação ☐ Comunicação ☐ Economia ☐ Engenharia ☐ Estatística ☐ Finanças ☐ Física ☐ História ☐ Psicologia ☐ Relações Internacionais ☐ Turismo

Áreas da Saúde - ☐ Anestesia ☐ Bioética ☐ Cardiologia ☐ Ciências Básicas ☐ Cirurgia ☐ Cirurgia Plástica ☐ Cirurgia Vascular e Endovascular ☐ Dermatologia ☐ Ecocardiologia ☐ Eletrocardiologia ☐ Emergência ☐ Enfermagem ☐ Fisioterapia ☐ Genética Médica ☐ Ginecologia e Obstetrícia ☐ Imunologia Clínica ☐ Medicina Baseada em Evidências ☐ Neurologia ☐ Odontologia ☐ Oftalmologia ☐ Ortopedia ☐ Pediatria ☐ Radiologia ☐ Terapia Intensiva ☐ Urologia ☐ Veterinária

Outras Áreas - ____________________

Tem algum comentário sobre este livro que deseja compartilhar conosco?

____

* A informação que você está fornecendo será usada apenas pela Elsevier e não será vendida, alugada ou distribuída por terceiros sem permissão preliminar.
* Para obter mais informações sobre nossos catálogos e livros por favor acesse **www.elsevier.com.br** ou ligue para **0800 026 53 40.**